Maria Böhly | Babette Ulmer

HOME DEKO

Stricken & Häkeln

CV

INDIVIDUELLE WOHNAKZENTE

Sie mögen es in Ihrem Zuhause gern behaglich, gemütlich bzw. hyggelig? Dann gehören Sie zu denjenigen, die gern dekorieren und frische Akzente setzen, um Ihren individuellen Stil zum Ausdruck zu bringen. Wohn-Accessoires verleihen Ihren vier Wänden ein Ambiente, das Sie für Ihren Rückzugsort brauchen. In unserer schnelllebigen Zeit spendet unser Zuhause Wärme und Vertrautheit und ist zugleich Ruhepol, Kraftquelle und Inspirationsort. My home is my castle, sagen die Engländer. Und damit haben sie recht.

Dekoration und Accessoires machen das Zuhause erst so richtig schön, vor allem, wenn sie mit den eigenen Händen gemacht sind. Erst dann sind sie individuell. Ob fürs Haus oder für Balkon, Terrasse oder Garten: Verschönern Sie Ihren Rückzugsort mit unseren kreativen Ideen und verleihen Sie ihnen so Ihre persönliche Note. Warme Kissen auf dem Sofa laden genauso zum Entspannen ein wie ein Liegesack, den man mühelos an seinen Lieblingsplatz mitnehmen kann. Stuhlauflagen im Granny-Style oder eine Husse verschönern nicht nur alte Hocker und Stühle, sie setzen auch schöne Farbhighlights – genauso wie ein schlichter Pouf, dem Sie ein farbenfrohes Kleid verpassen. Vielleicht möchten Sie auch erst einmal klein anfangen und einen Brötchenkorb machen oder schlichte Vasen „einkleiden"?

Wir haben für Sie eine bunte Welt aus Häkel- und Strick-Ideen zusammengestellt und wünschen Ihnen viel Spaß beim Nacharbeiten.

Maria Böhly und Babette Ulmer

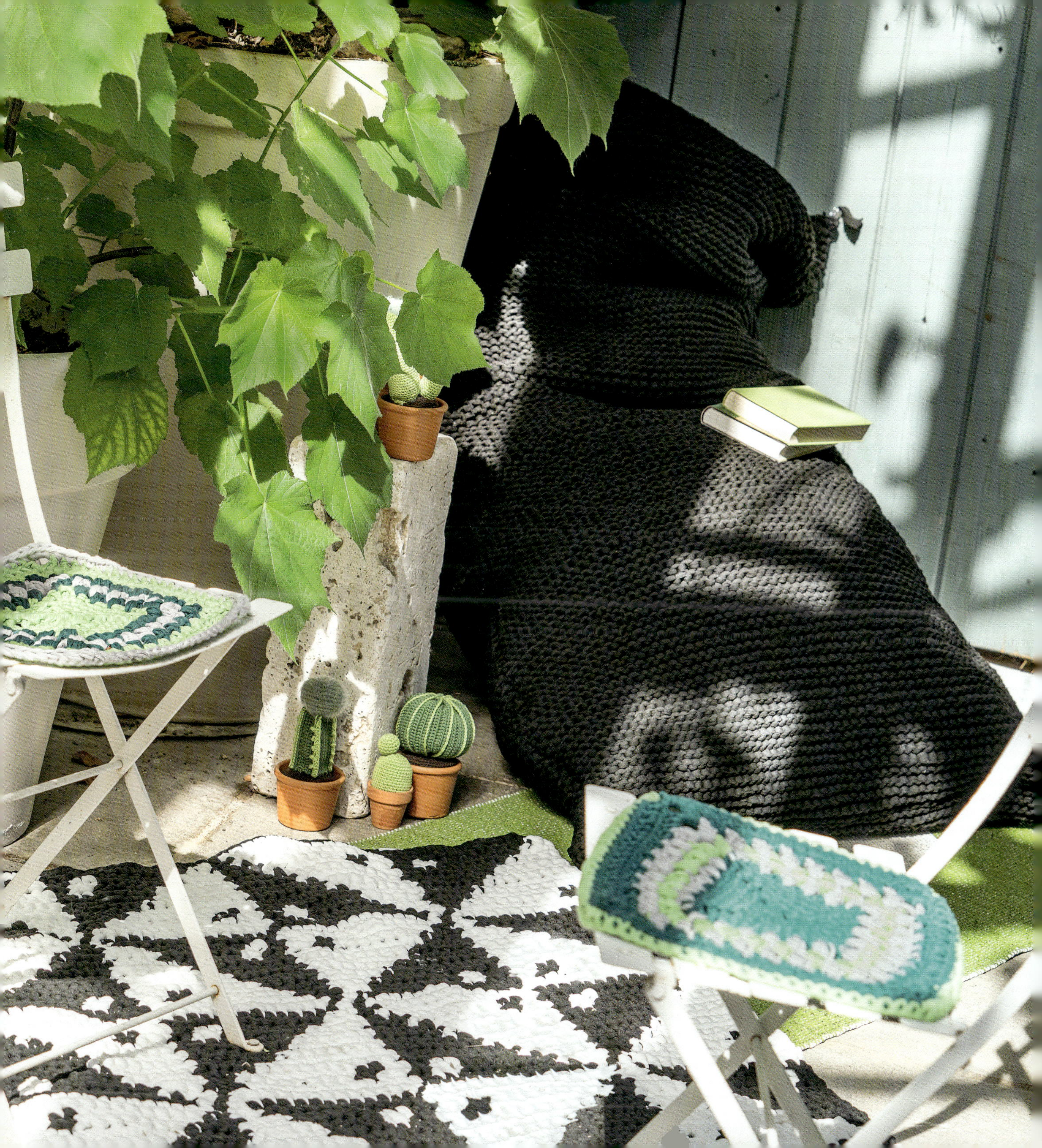

INHALT

SCHWIERIGKEITSGRADE DER MODELLE

● = einfach

●● = mittel

●●● = schwierig

MODELLE

FISCHE AN LAND

Gehäkelt | Größe: 12 x 35 cm | Schwierigkeitsgrad

Wer es gern maritim mag, findet mit diesen gehäkelten Fischen die idealen Begleiter für seinen Wohnstil. Sie lassen sich vielseitig zu dekorativen Hinguckern arrangieren.

MATERIAL

- Lang Yarns „Golf" (100 % Baumwolle, Lauflänge 125 m/50 g): je 50 g in Natur, Mint, Eisblau oder Petrol
- Häkelnadel Nr. 3
- Füllwatte

MUSTER

Feste Maschen: Jede Reihe mit 1 Wendeluftmasche beginnen.

Fische A, B und C: Laut Häkelschrift A, B und C in Intarsientechnik arbeiten.
1x die 1.–90. Reihe häkeln.
1 Kästchen = 1 feste Masche.

Farbwechsel: Beim Farbwechsel das Abmaschen der letzten Masche immer schon mit der neuen Farbe arbeiten.

MASCHENPROBE

24,5 Maschen und 26 Reihen = 10 x 10 cm

SO WIRD'S GEMACHT

VORDER- UND RÜCKSEITE

Die erste Fischhälfte am Schwanzende beginnen:

41 Luftmaschen in der jeweiligen Farbe anschlagen und nach der entsprechenden Häkelschrift arbeiten.

Zur Formgebung die Zu- und Abnahmen wie in der Häkelschrift gezeichnet arbeiten, dafür bei den Zunahmen jeweils 2 feste Maschen in 1 Masche arbeiten und bei den Abnahmen jeweils 2 Maschen zusammen abmaschen.

Die zweite Fischhälfte gegengleich arbeiten, auch die Farbeinteilung.

FERTIGSTELLUNG: Die Fischhälften farblich passend mit 1 Runde fester Maschen zusammenhäkeln, dabei in die Ecken am Schwanz je 3 feste Maschen arbeiten und mit 1 Kettmasche in die 1. feste Masche zur Runde schließen. Nach und nach mit Füllwatte ausstopfen.

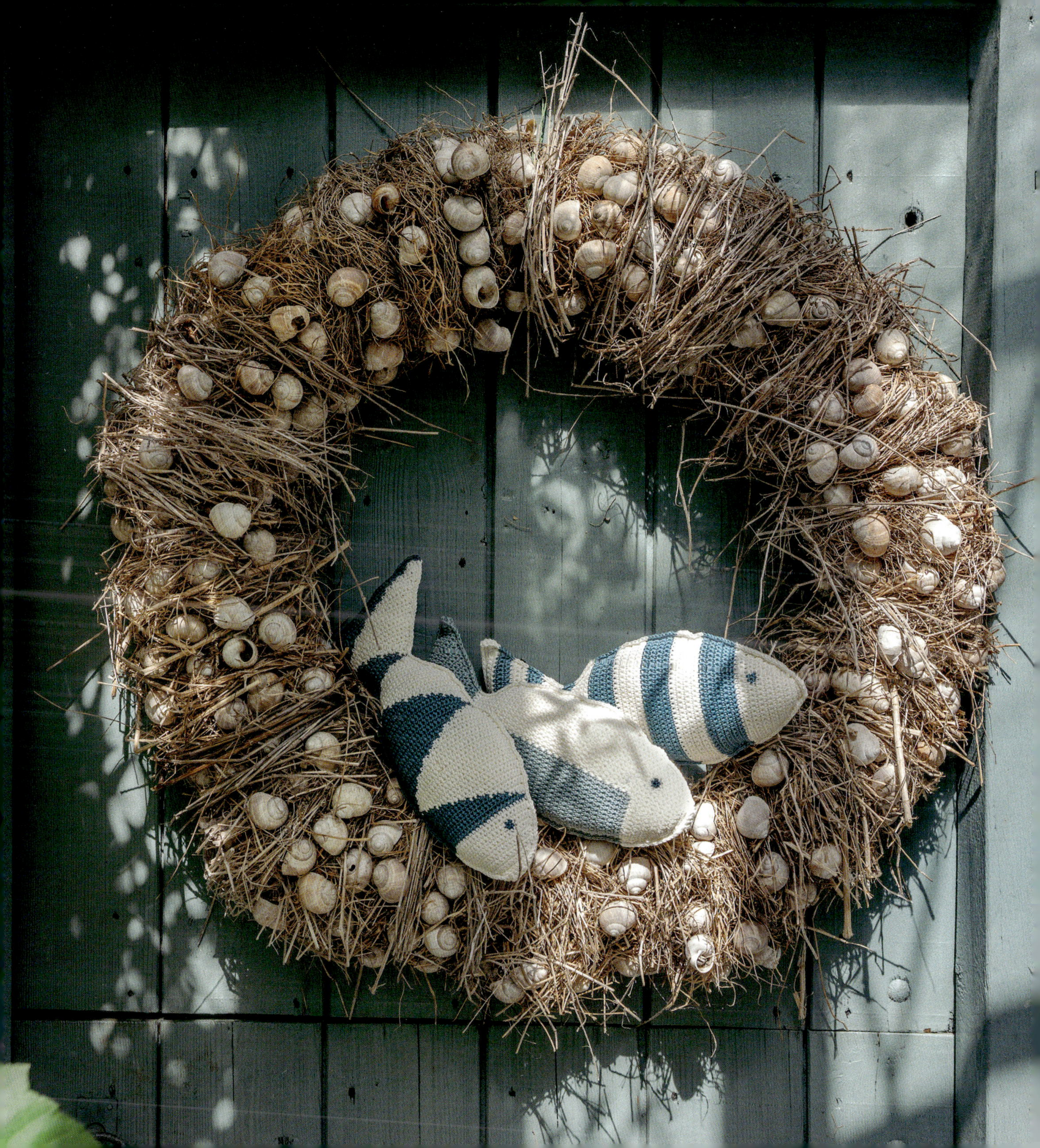

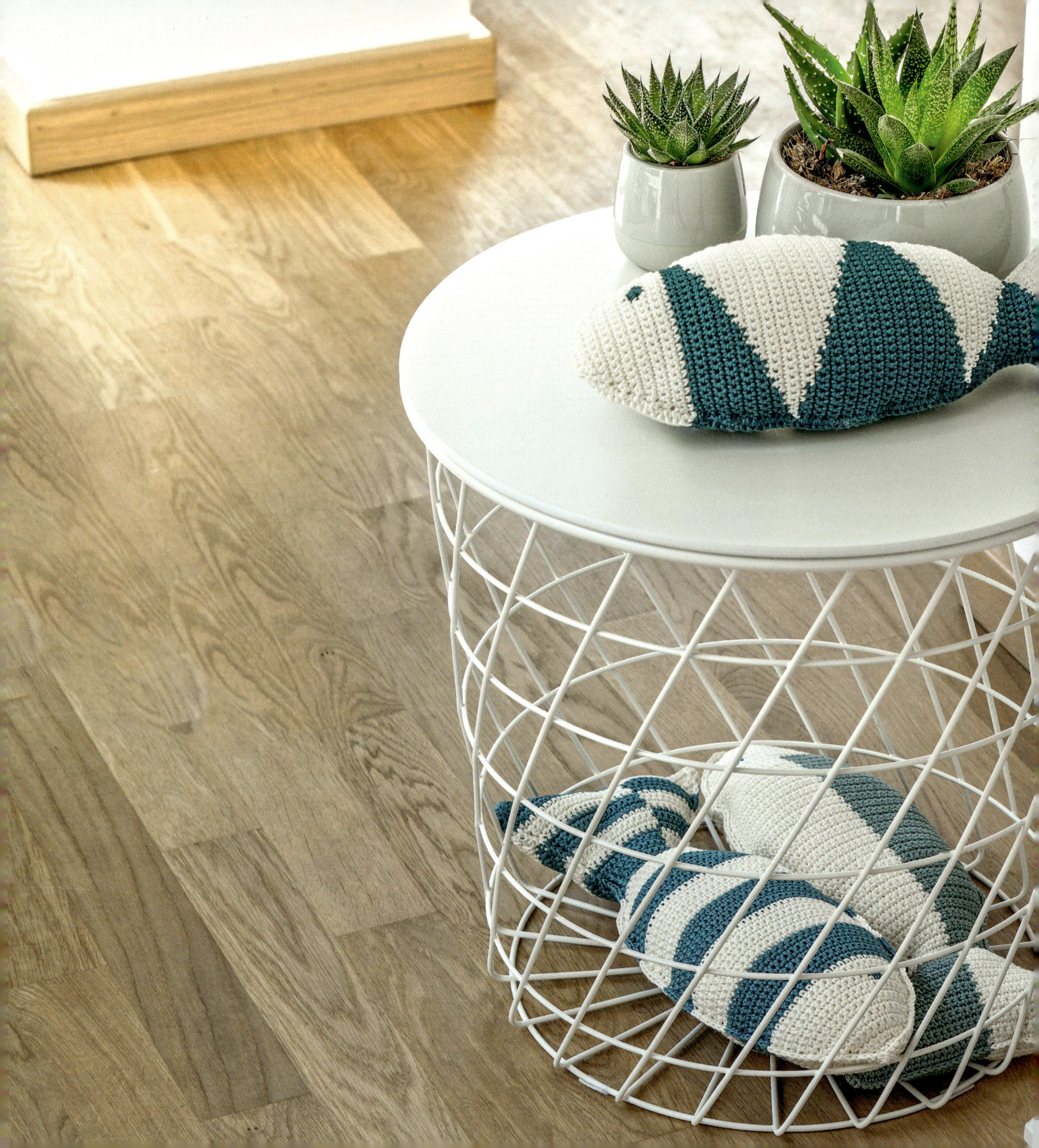

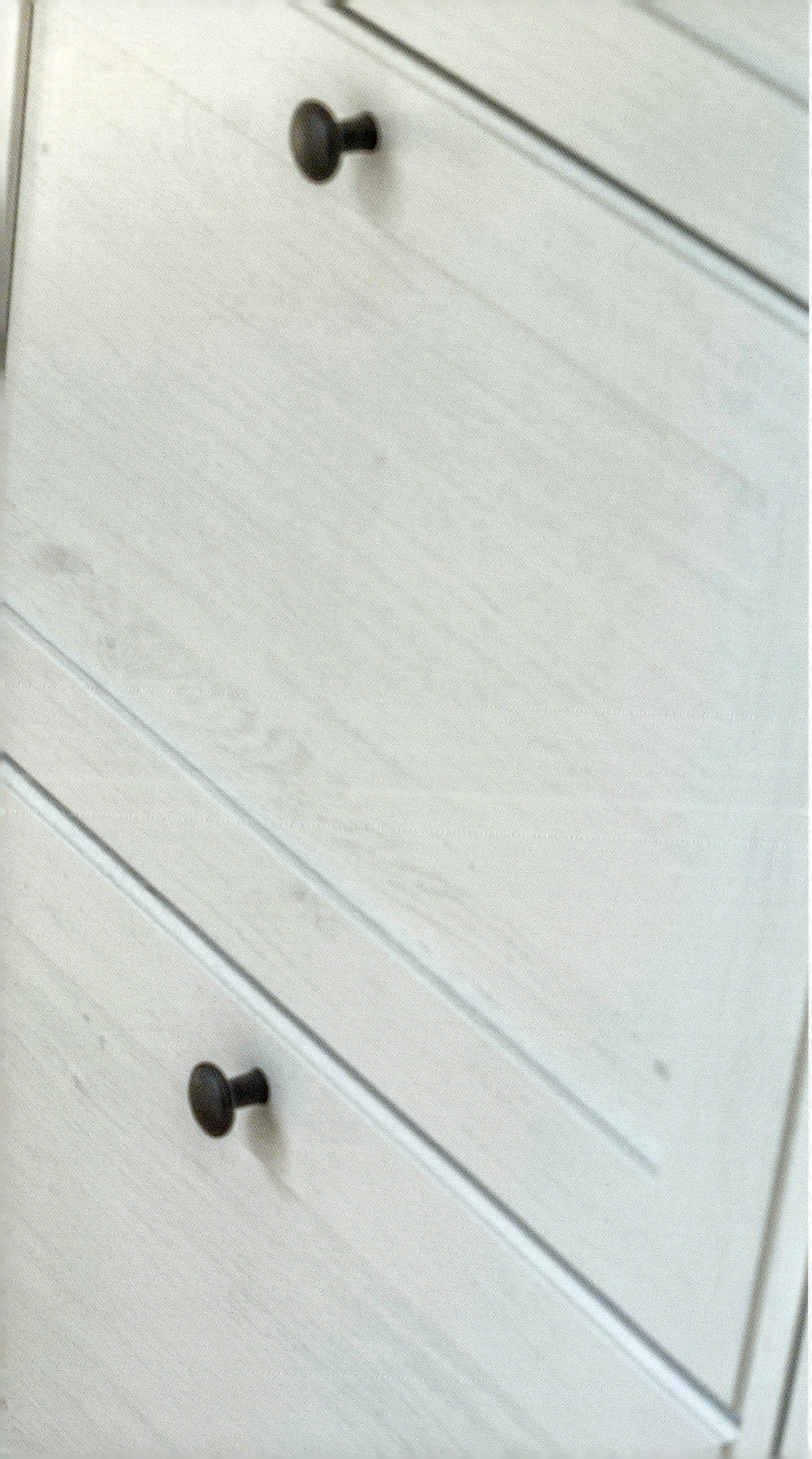

Ein gutes Zuhause
muss man sich machen.

Joyce Maynard

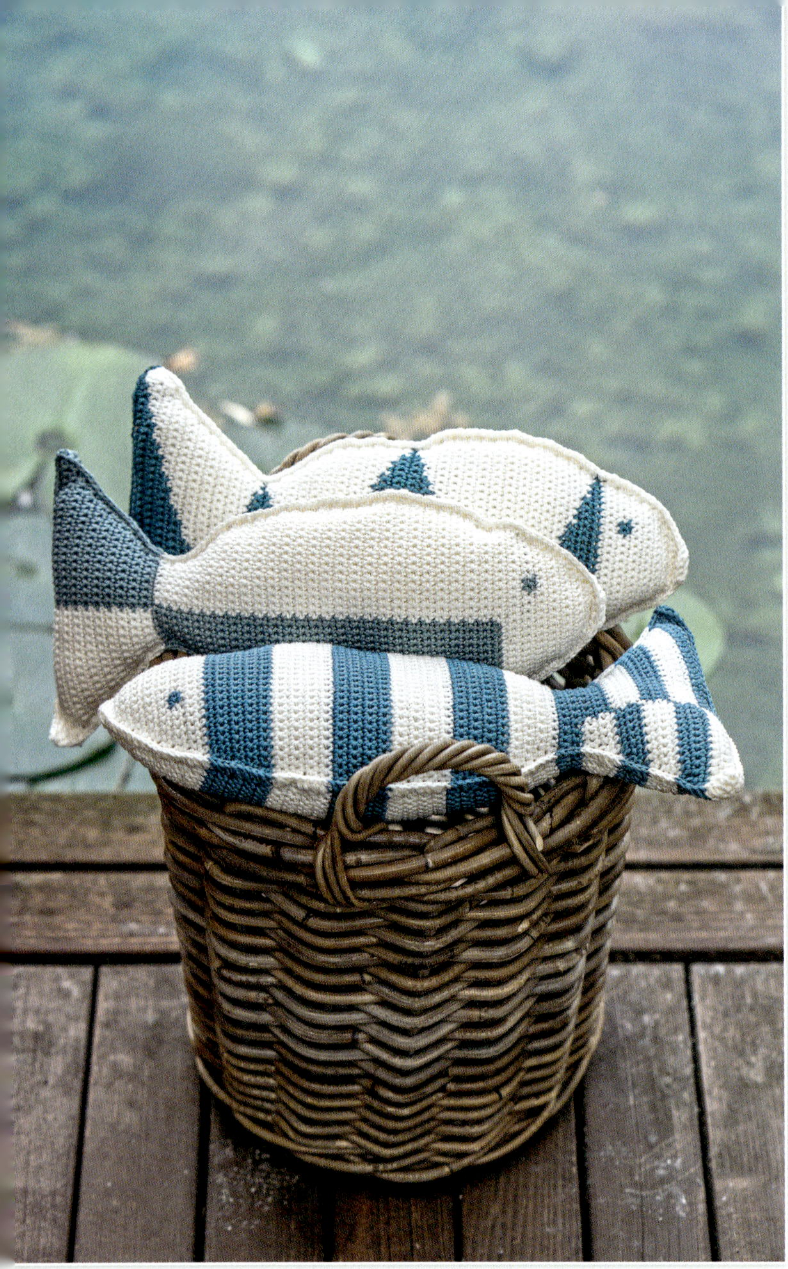

Häkelschrift A

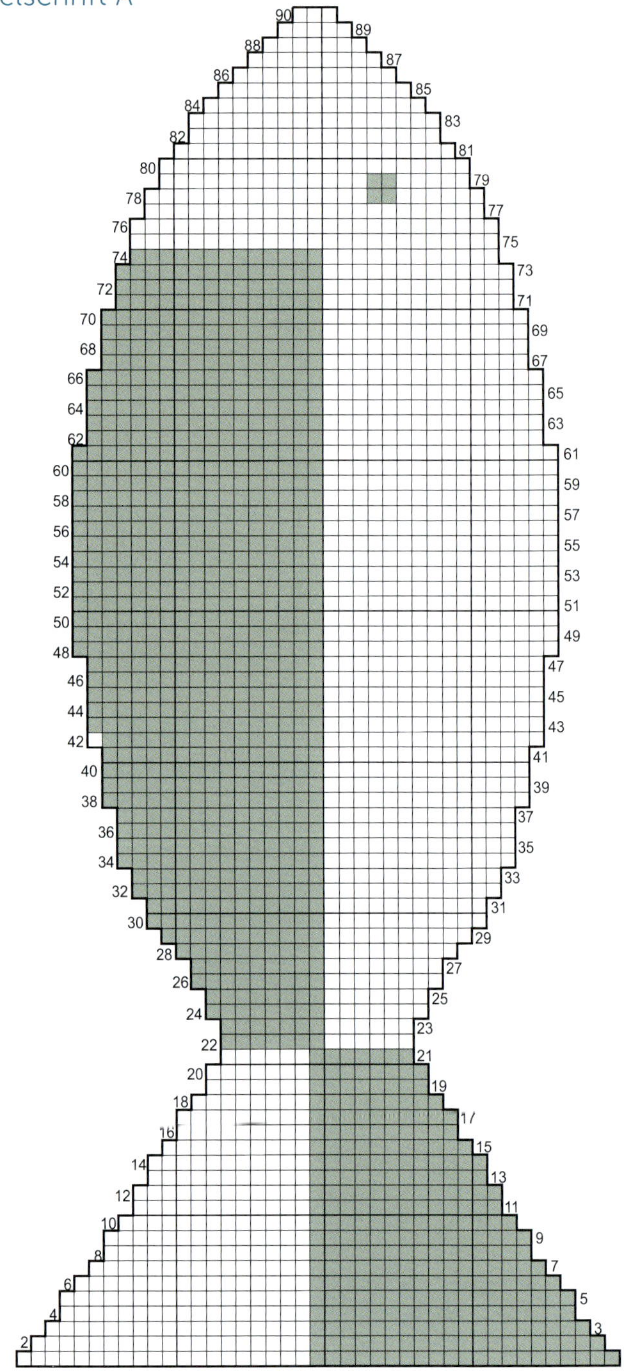

Zeichenerklärung

- ☐ = Natur
- ☐ = Mint
- ☐ = Petrol
- ☐ = Eisblau

Häkelschrift B

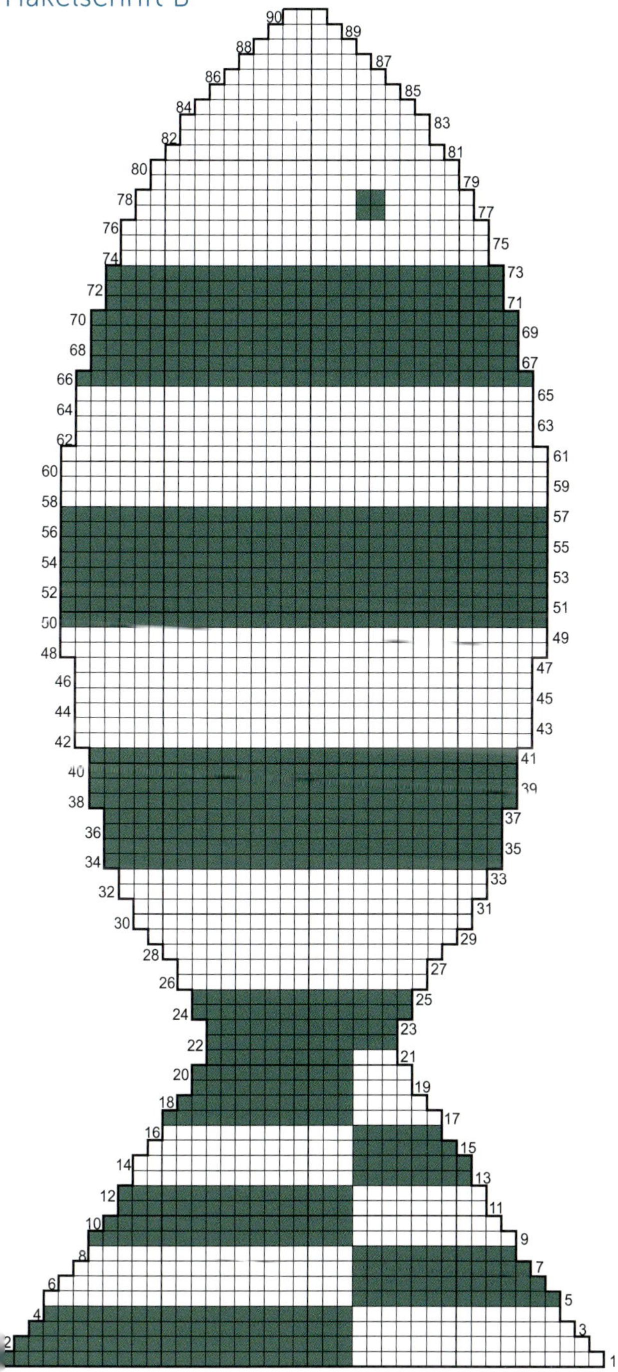

Häkelschrift C

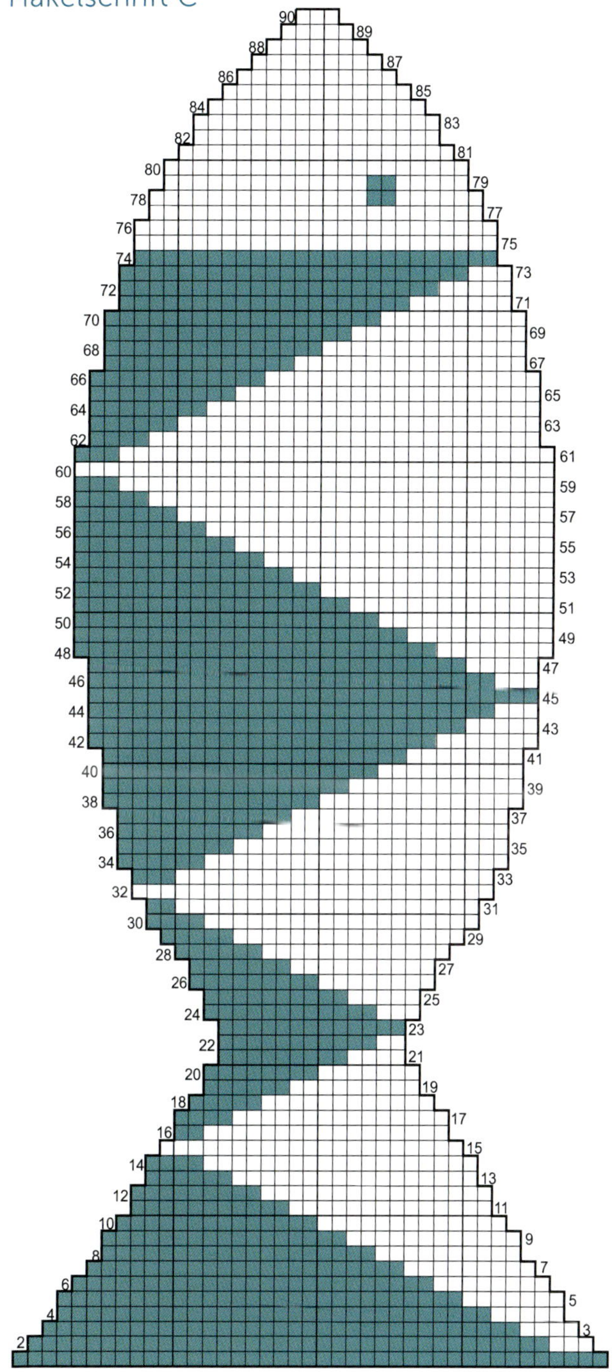

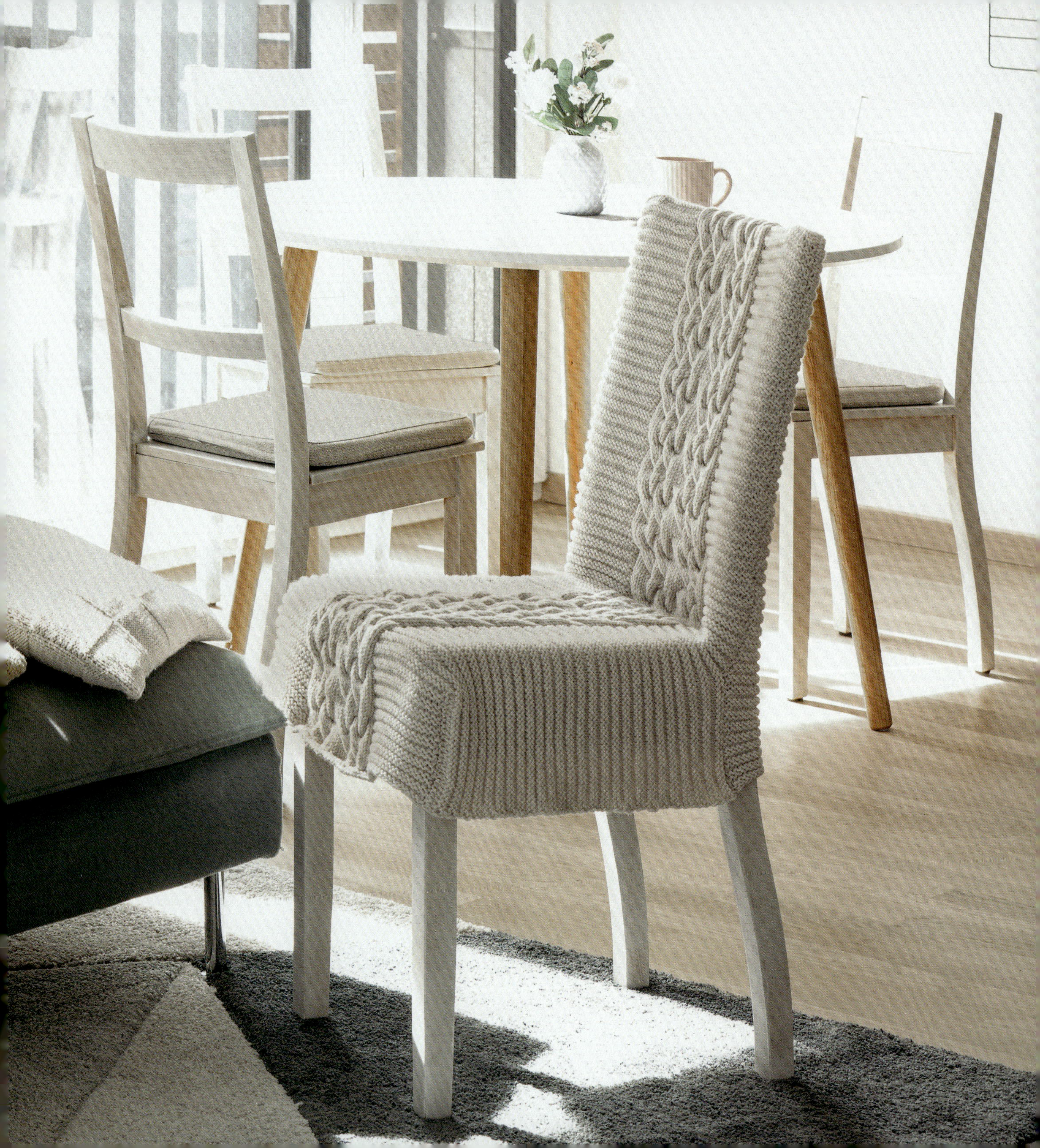

ELEGANTE STUHLHUSSE

Gestrickt | Größe: 44 cm breit, 51 cm hoch | Schwierigkeitsgrad ●●

Aus alt mach neu: Mit diesem gezopften Wollkleid wird jeder Stuhl zu einem einzigartigen Schmuckstück.

MATERIAL

- Lana Grossa „Bingo" (100 % Schurwolle, Lauflänge 80 m/50 g): 800 g in Natur
- Stricknadeln Nr. 5
- 1 Stuhl mit 44 cm breiter Sitzfläche und einer Lehnenhöhe von ca. 51 cm (gemessen ab Sitzfläche)

MUSTER

Glatt rechts: Hinreihen rechts und Rückreihen links stricken.

Glatt links: Hinreihen links und Rückreihen rechts stricken.

Querrippen: * 2 Reihen glatt rechts, 2 Reihen glatt links, ab * stets wiederholen.

Mittelzopf über 44 Maschen: Laut Strickschrift arbeiten. Es sind nur die Hinreihen gezeichnet; in den Rückreihen Maschen stricken, wie sie erscheinen.
Die 1.–16. Reihe stets wiederholen.

MASCHENPROBE

Querrippen: 15,5 Maschen und 26 Reihen = 10 x 10 cm

Mittelzopf: 44 Maschen = 17 cm

SO WIRD'S GEMACHT

Die Husse mit der Sitzfläche beginnen. 88 Maschen mit Nadeln Nr. 5 anschlagen und 1 Rückreihe rechts stricken.

Dann Maschen wie folgt einteilen:

Randmasche, 21 Maschen Querrippen, 44 Maschen Mittelzopf, 21 Maschen Querrippen, Randmasche.

In 15 cm Gesamthöhe beidseitig je 23 Maschen dazu anschlagen = 134 Maschen. Über die neu angeschlagenen Maschen ebenfalls Querrippen stricken. In 55 cm Gesamthöhe beidseitig je 23 Maschen abketten = 88 Maschen. In 170 cm Gesamthöhe restliche 88 Maschen abketten.

FERTIGSTELLUNG: Die Nähte schließen, siehe Passzeichen im Schnitt.

Es ist, ihr möget wollen oder nicht, das Haus der Spiegel eurer selbst.

Jeremias Gotthilf

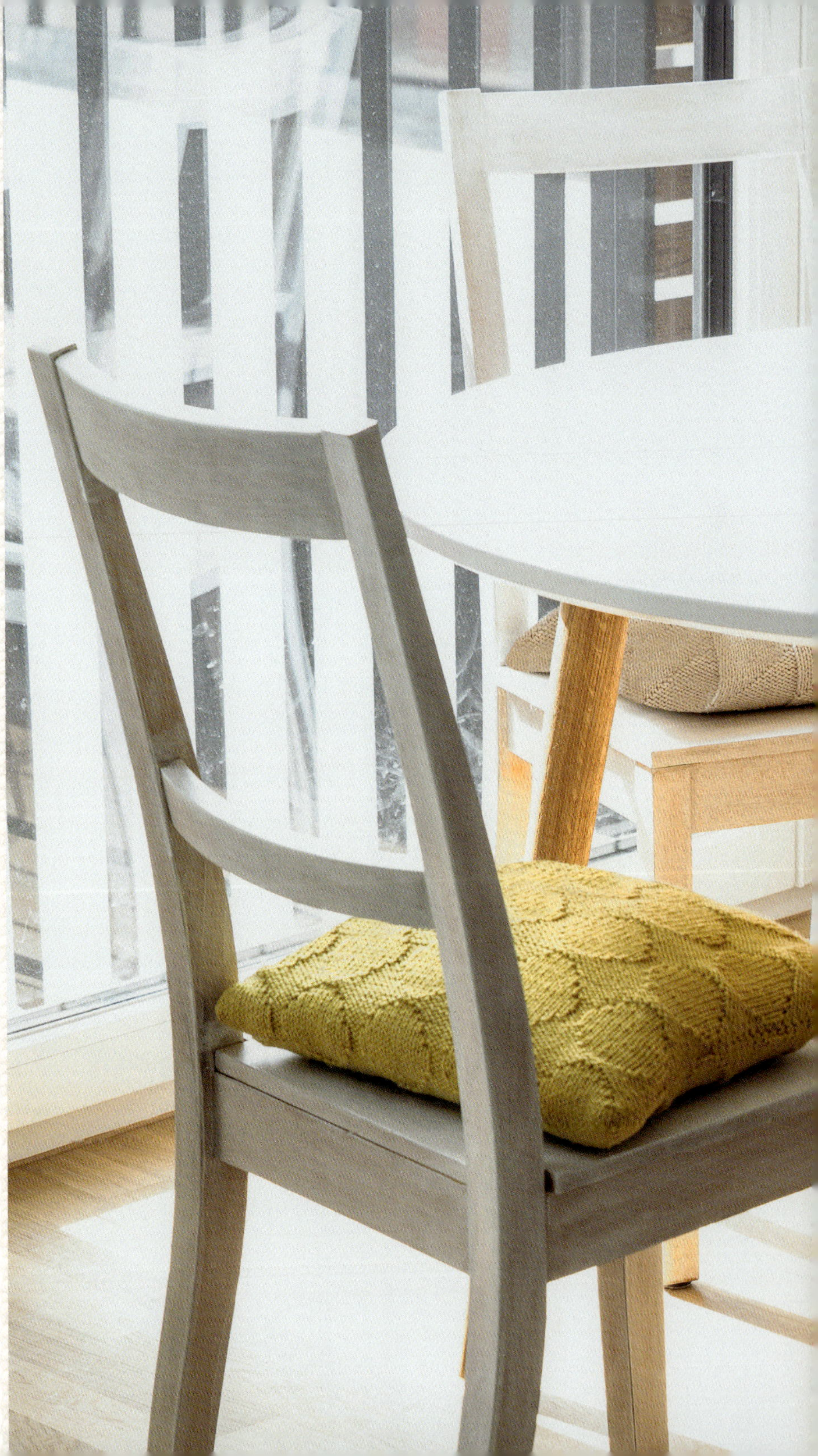

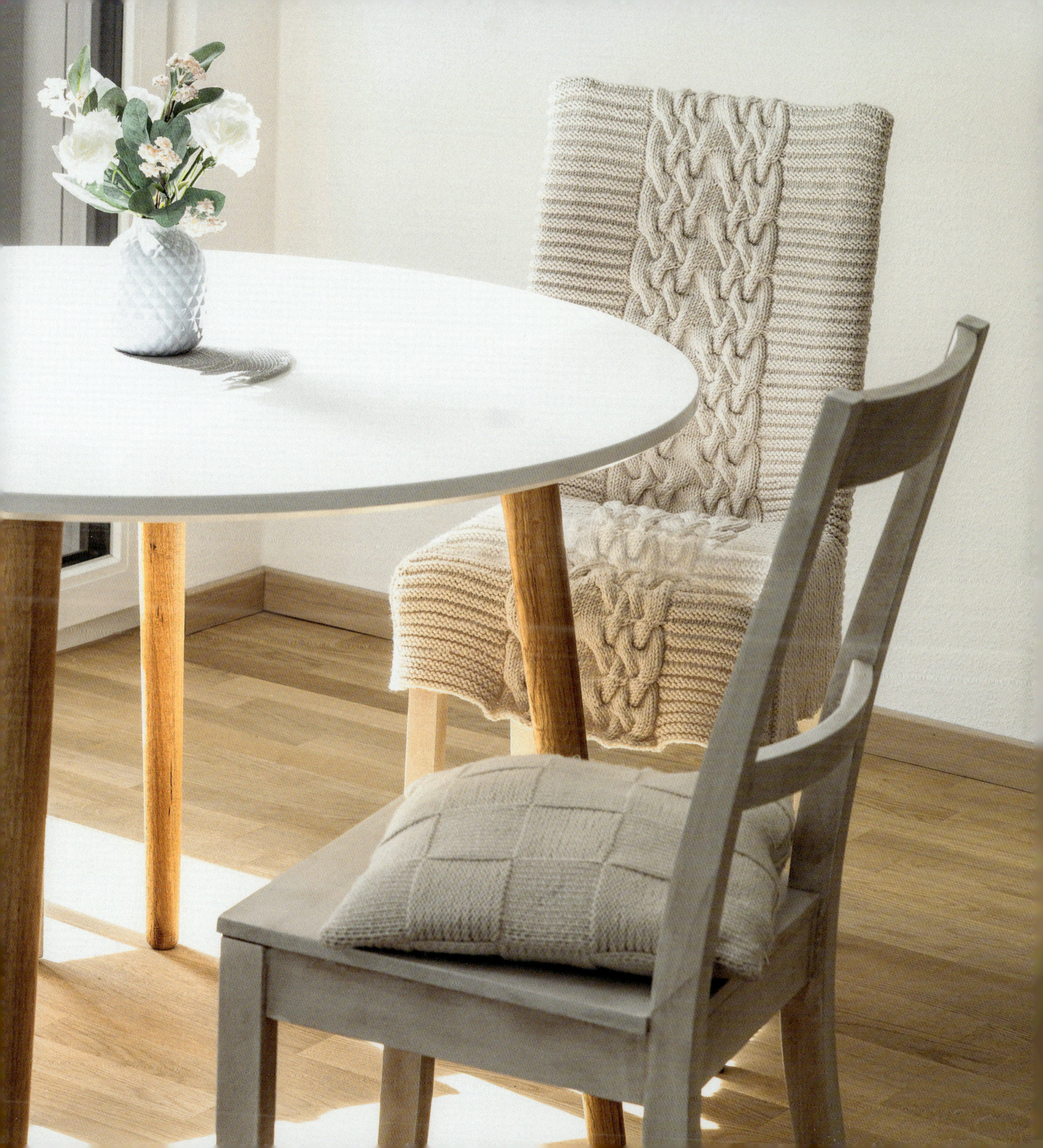

Mittelzopf

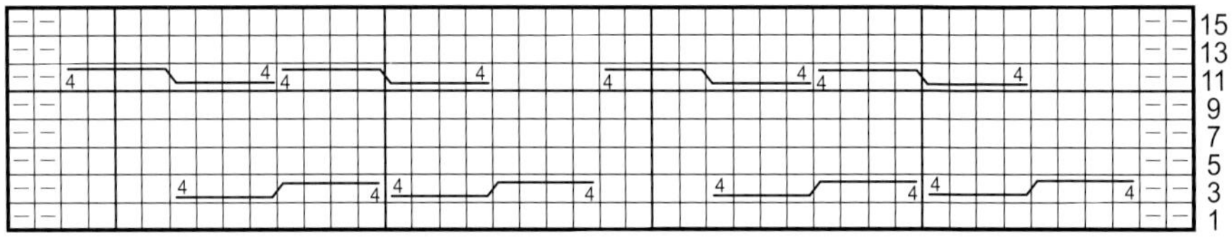

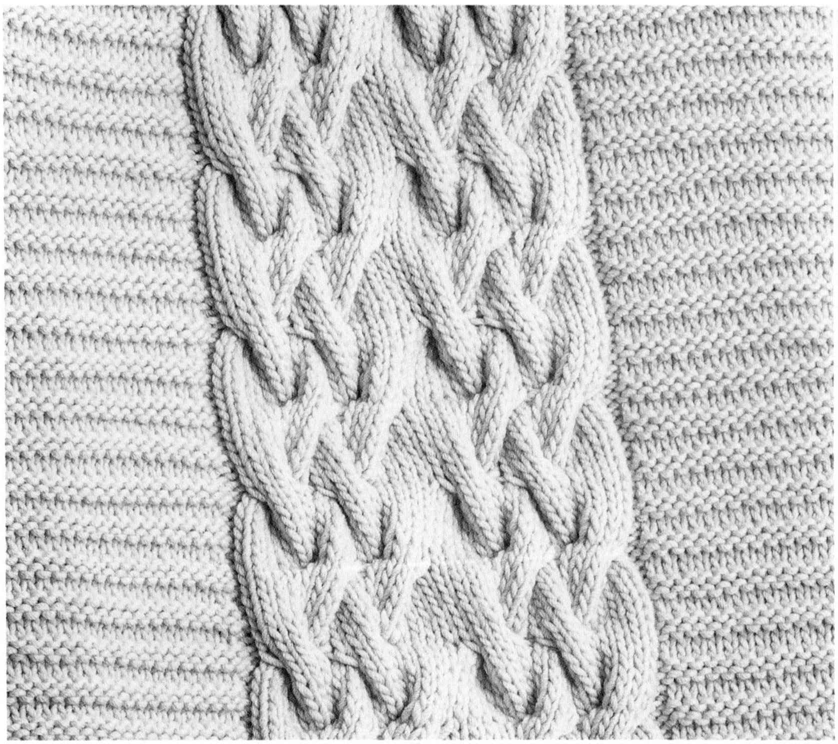

Schnitt

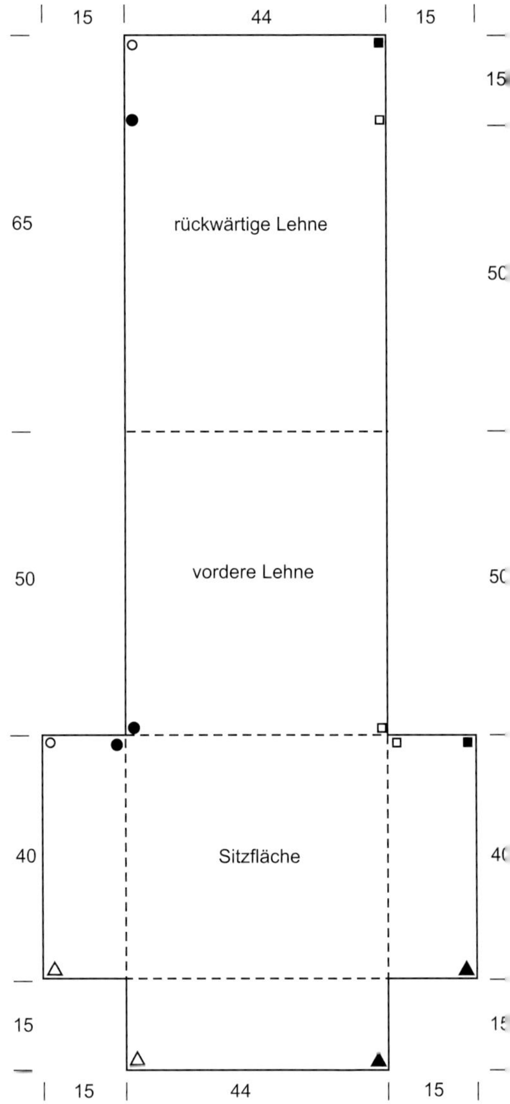

Zeichenerklärung

□ = 1 Masche rechts

⊟ = 1 Masche links

= 4 Maschen auf eine Hilfsnadel vor die Arbeit legen, 4 Maschen rechts stricken, dann die 4 Maschen der Hilfsnadel rechts stricken

= 4 Maschen auf eine Hilfsnadel hinter die Arbeit legen, 4 Maschen rechts stricken, dann die 4 Maschen der Hilfsnadel rechts stricken

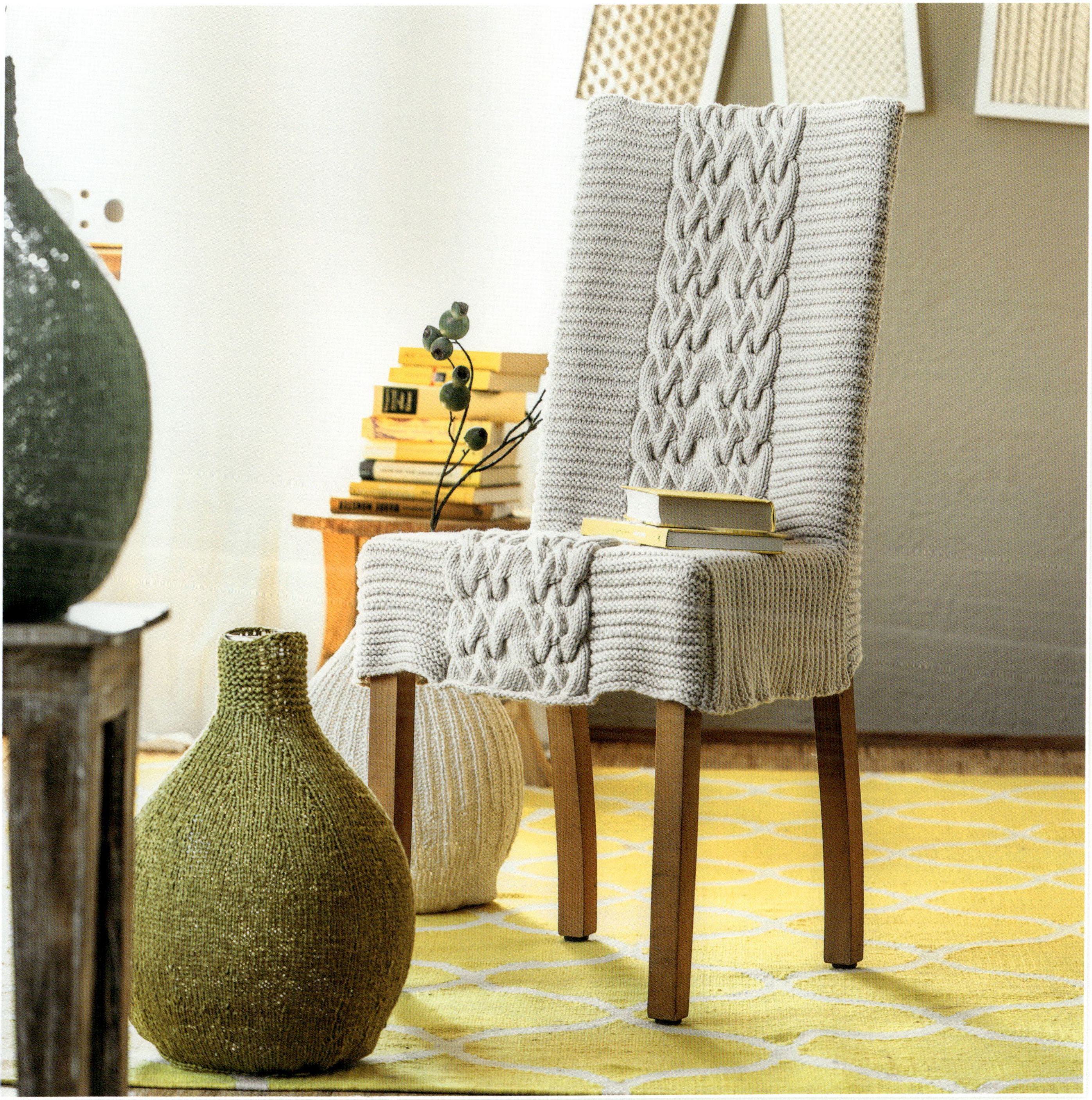

VASENHÜLLEN-PARADE

Gestrickt | Größe: 28 cm Ø, 40 cm hoch | Schwierigkeitsgrad ● bis ●●

Schlichte Vasen, dekorativ umgarnt, lassen sich ansprechend in Szene setzen. Auch einzeln setzen sie schöne Highlights.

MATERIAL

- Lana Grossa „About Berlin Chilly" (100 % Leinen, Lauflänge 95 m/50 g): je 150 g in Natur, Olivgelb oder Graugrün
- 1 elastischer Gummifaden „Strick-Elastic" von Prym
- verschieden lange Rundstricknadeln Nr. 6
- Nadelspiel Nr. 6
- je 1 Vase „Frampressa" von Ikea

MUSTER

Rippenmuster: 1 Masche rechts, 1 Masche links im Wechsel stricken.
Kraus rechts: In Runden 1 Runde links, 1 Runde rechts im Wechsel stricken.
Glatt rechts: In Runden immer rechte Maschen stricken.
Glatt links: In Runden immer linke Maschen stricken.

MASCHENPROBE

Glatt rechts oder links: 15 Maschen und 24 Runden = 10 x 10 cm

SO WIRD'S GEMACHT

GRAUGRÜNE/OLIVGELBE VASENHÜLLE

Beide Hüllen jeweils von oben nach unten in einem Stück in Runden stricken.

32 Maschen in der jeweiligen Farbe mit dem Nadelspiel Nr. 6 anschlagen, Maschen gleichmäßig auf 4 Nadeln verteilen – 8 Maschen pro Nadel. Rundenanfang markieren und Markierung mitführen.

21 Runden kraus rechts stricken. Dann glatt rechts weiterarbeiten, dabei 6x in jeder 4. Runde gleichmäßig verteilt je 8 Maschen zunehmen, dafür aus dem Querfaden 1 Masche rechts verschränkt herausstricken = 80 Maschen. Nach und nach auf die verschieden langen Rundstricknadeln Nr. 6 wechseln. Dann 5x in jeder 4. Runde gleichmäßig verteilt je 16 Maschen zunehmen = 160 Maschen. In der folgenden 20. Runde gleichmäßig verteilt (= über den bisherigen Abnahmestellen) je 16 Maschen abnehmen, dafür jede 9. und 10. Masche rechts zusammenstricken = 144 Maschen. Danach noch 2x in jeder 8. Runde gleichmäßig verteilt über den bisherigen Abnahmestellen je 16 Maschen abnehmen = 112 Maschen. Nach weiteren 12 Runden alle Maschen abketten.

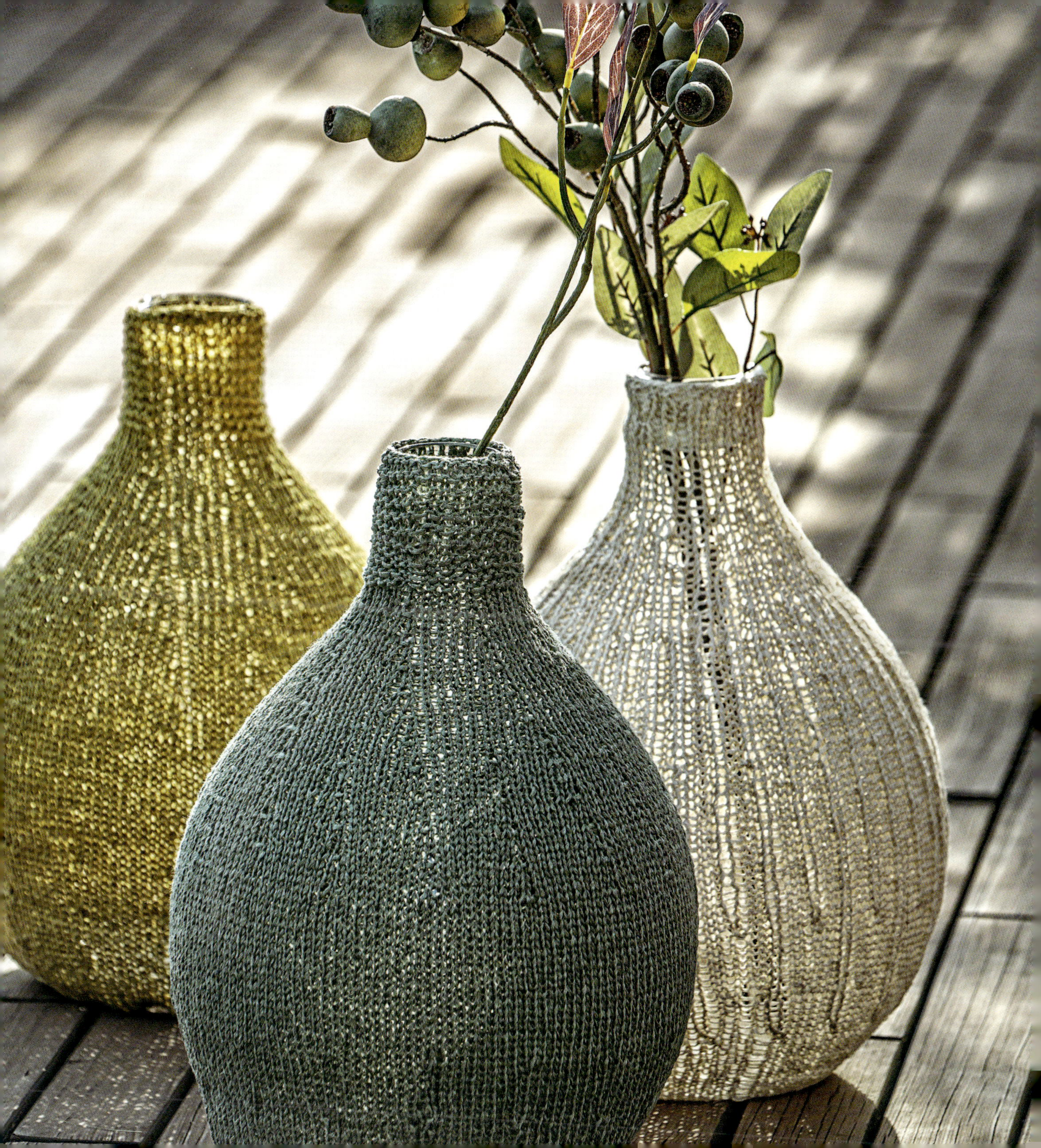

NATURFARBENE VASENHÜLLE

Von oben nach unten in einem Stück in Runden stricken. 40 Maschen in Natur mit dem Nadelspiel Nr. 6 anschlagen, Maschen gleichmäßig auf 4 Nadeln verteilen – 10 Maschen pro Nadel. Rundenanfang markieren und Markierung mitführen. 1 Runde links stricken.

Dann im Rippenmuster weiterarbeiten, dabei in der 16. Runde ab Anschlag in jeder 2. Linksrippe 1 Masche zunehmen, dafür aus dem Querfaden 1 Masche links verschränkt herausstricken = 50 Maschen. Nun 1 Masche rechts, 1 Masche links, 1 Masche rechts und 2 Maschen links im Wechsel stricken.

In der folgenden 2. Runde in jeder anderen Linksrippe je 1 Masche zunehmen = 60 Maschen. Nun 1 Masche rechts und 2 Maschen links im Wechsel stricken.

In der folgenden 2. Runde in jeder 2. Linksrippe mittig je 1 Masche zunehmen, dafür 1 Masche aus dem Querfaden rechts verschränkt herausstricken = 70 Maschen. Nun 1 Masche rechts, 1 Masche links, 1 Masche rechts, 1 Masche links, 1 Masche rechts und 2 Maschen links im Wechsel stricken.

In der folgenden 2. Runde in jeder anderen Linksrippe mittig je 1 Masche zunehmen = 80 Maschen. Nun 1 Masche rechts und 1 Masche links im Wechsel stricken.

In der folgenden 4. Runde in jeder 2. Linksrippe je 1 Masche zunehmen, dafür 1 Masche aus dem Querfaden links verschränkt herausstricken = 100 Maschen. Nun 1 Masche rechts, 1 Masche links, 1 Masche rechts und 2 Maschen links im Wechsel stricken.

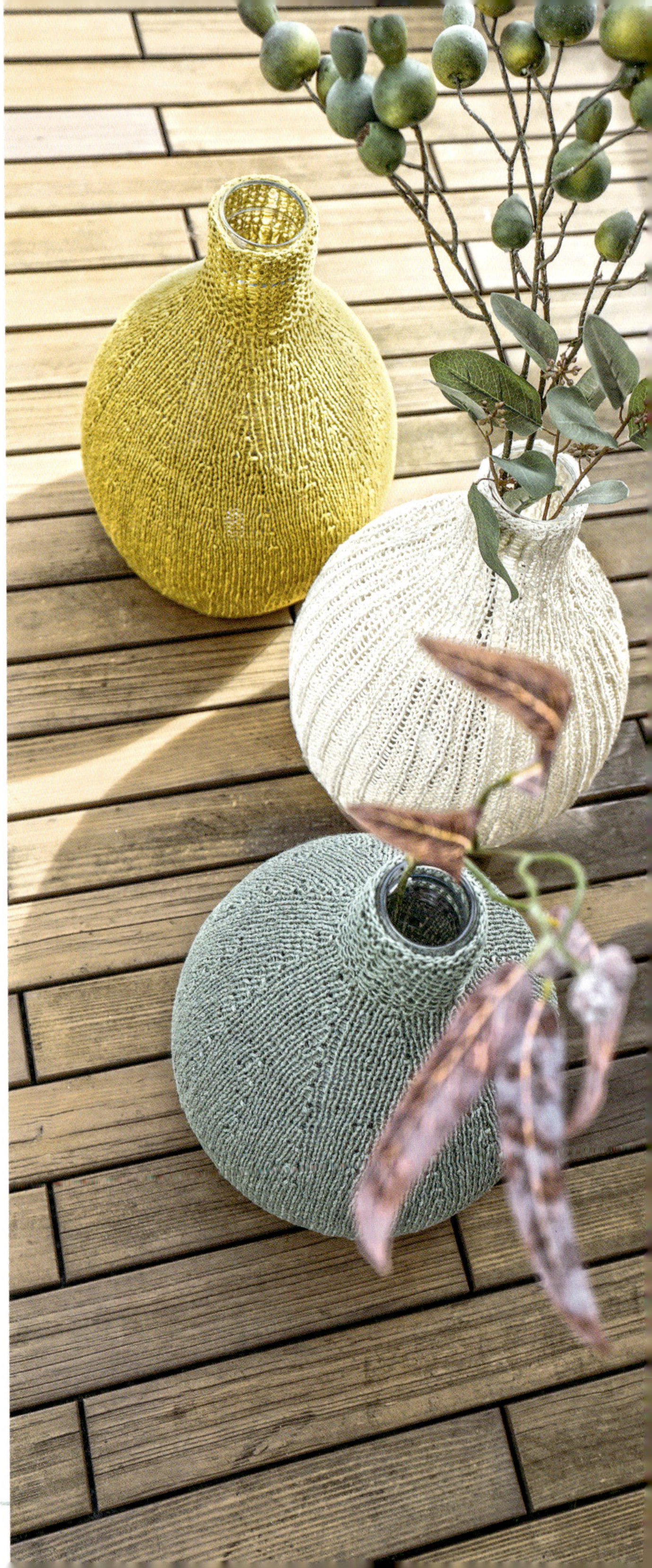

In der folgenden 4. Runde in jeder anderen Linksrippe je 1 Masche zunehmen = 120 Maschen. Nun 1 Masche rechts und 2 Maschen links im Wechsel stricken.

In der folgenden 8. Runde in jeder 2. Linksrippe je 1 Masche zunehmen, dafür 1 Masche aus dem Querfaden links verschränkt herausstricken = 140 Maschen. Nun 1 Masche rechts, 2 Maschen links, 1 Masche rechts und 3 Maschen links im Wechsel stricken.

In der folgenden 8. Runde in jeder anderen Linksrippe je 1 Masche zunehmen = 160 Maschen. Nun 1 Masche rechts und 3 Maschen links im Wechsel stricken.

Nach und nach auf die verschieden langen Rundstricknadeln Nr. 6 wechseln.

In der folgenden 20. Runde jede 2. rechte Masche mit der vorhergehenden Masche links zusammenstricken = 140 Maschen. Nun 1 Masche rechts und 6 Maschen links im Wechsel stricken.

In der folgenden 8. Runde in jeder Linksrippe mittig 2 Maschen links zusammenstricken = 120 Maschen. Nun 1 Masche rechts und 5 Maschen links im Wechsel stricken.

In der folgenden 8. Runde jede rechte Masche mit der vorhergehenden Masche links zusammenstricken = 100 Maschen. Nun glatt links weiterarbeiten.

Nach weiteren 24 Runden alle Maschen abketten.

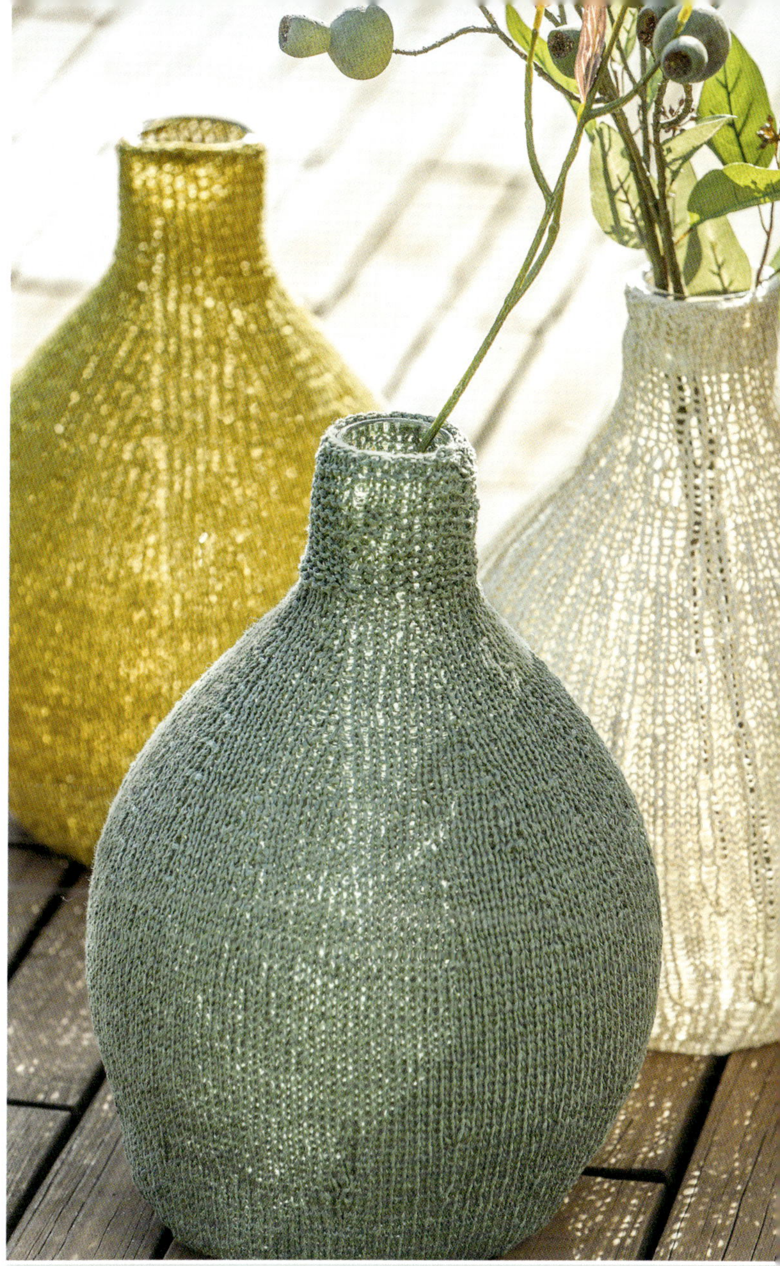

FERTIGSTELLUNG: Die Vasenhülle jeweils über die Vase stülpen und in die Anschlag- und Abkettrunde den elastischen Faden einziehen.

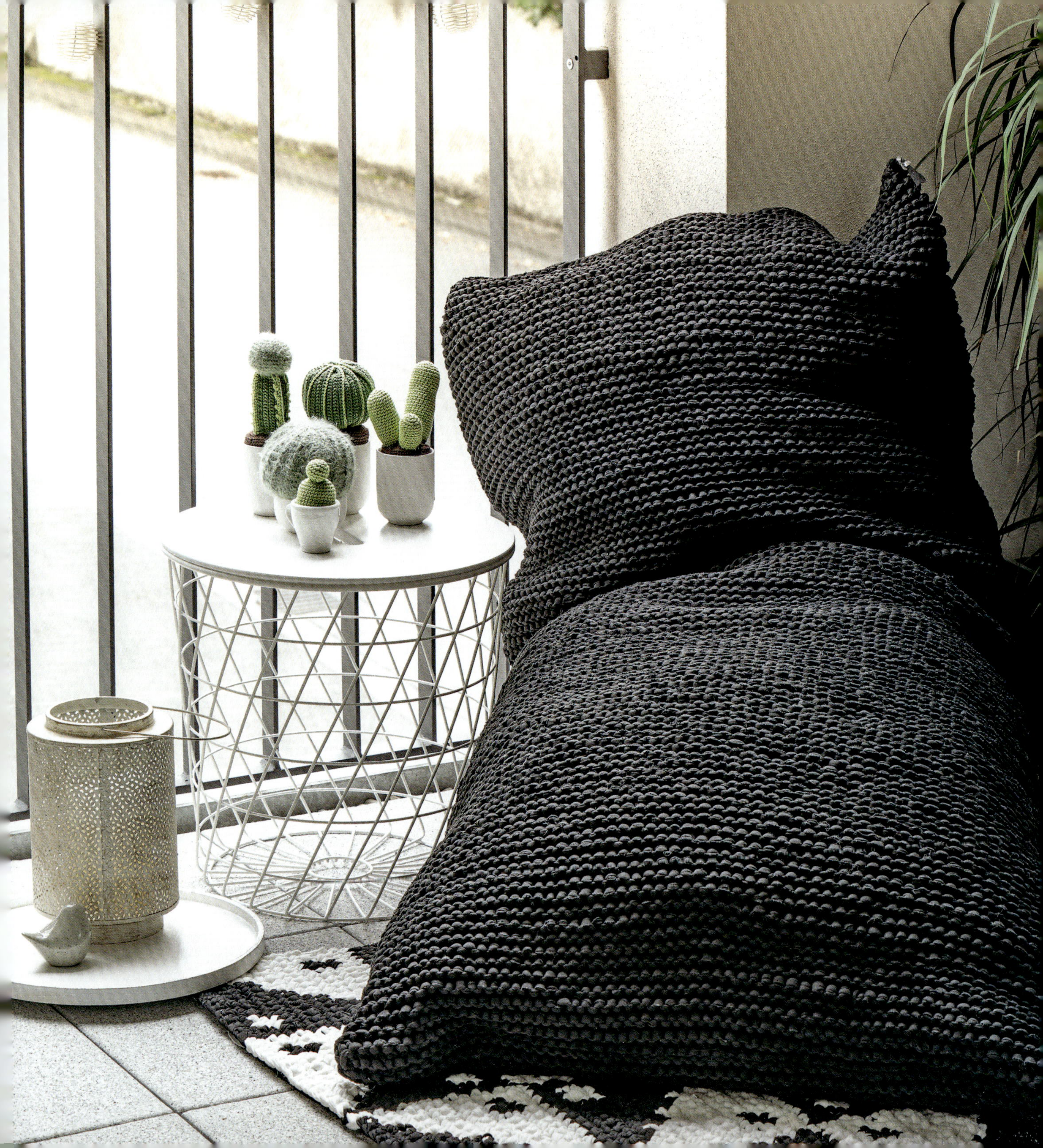

WOHLFÜHL-LIEGESACK

Gestrickt | Größe: 80 x 160 cm | Schwierigkeitsgrad

Ein kuscheliges Daybed zum Relaxen, auf dem man sich gern entspannt oder seinen Tagträumen nachhängt.

MATERIAL

- Bändersalat „Bändersalat fresh" (100 % Polyamid): 5400 g in Schwarz
- Stricknadeln Nr. 12
- schwarzer Markisenstoff (160 x 160 cm)
- 1 Reißverschluss von Opti (60 cm)
- 250 l EPS-Styropor Perlen von Lumaland

MUSTER

Kraus rechts: Hin- und Rückreihen rechts stricken.

MASCHENPROBE

8–9,5 Maschen und 14–16 Reihen = 10 x 10 cm

HINWEIS

Das Garn ist ein „Abfallprodukt" der Automobilindustrie und ist nicht immer gleichmäßig dick, daher schwankt die Maschenprobe.

SO WIRD'S GEMACHT

130 Maschen mit Nadeln Nr. 12 anschlagen und 160 cm kraus rechts stricken. Maschen abketten.

FERTIGSTELLUNG: Das Teil quer zur Hälfte legen und die seitliche und untere Naht schließen. Für das Kisseninlett aus dem schwarzen Markisenstoff einen 80 x 160 cm großen Sack nähen, dafür die seitliche und untere Naht schließen. An der oberen Naht beidseitig je 10 cm schließen und dann den Reißverschluss einnähen. Das Inlett nur ca. zu dreiviertel mit den Perlen füllen. Das Inlett in den Liegesack einfügen und die letzte Naht schließen, dabei für späteres erneutes Füllen mit Perlen das Ende des Fadens markieren.

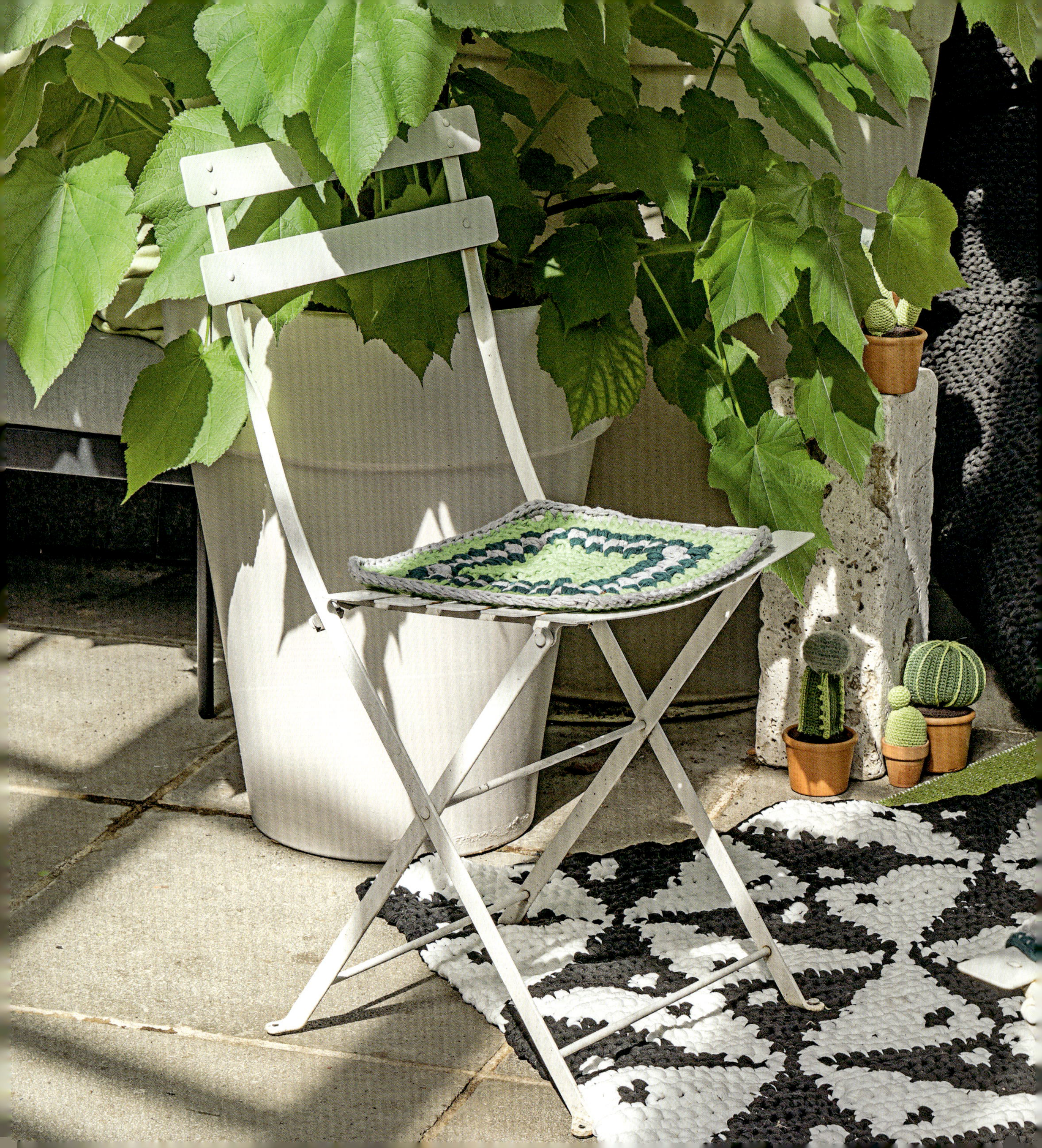

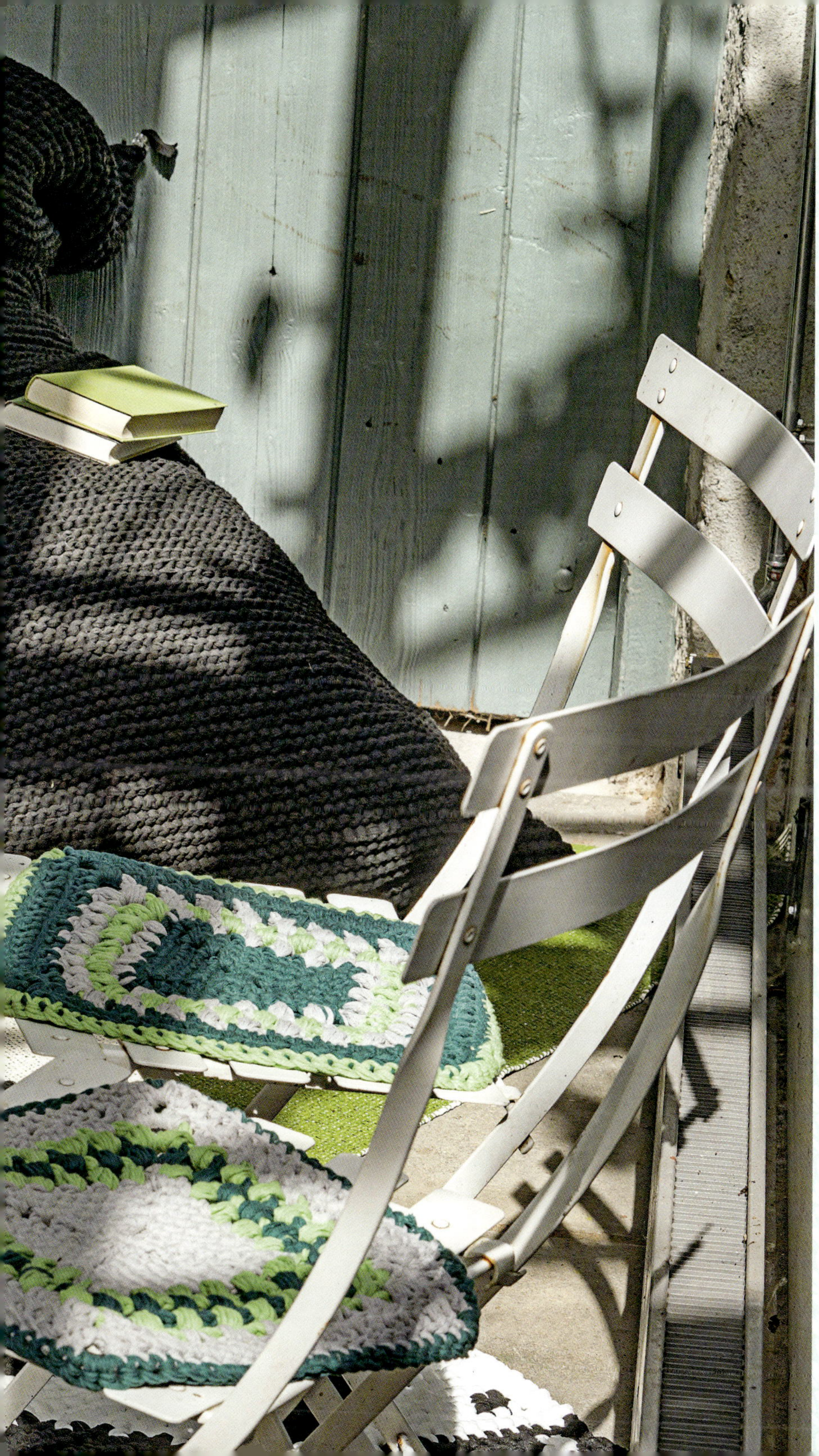

Nichts bringt uns auf unserem Weg besser voran als eine Pause.

Elizabeth Browning

STUHLAUFLAGEN GRANNY-STYLE

Gehäkelt | Größe: 34 x 34 cm | Schwierigkeitsgrad ● bis ●●

Fröhlich-bunte Hingucker für Hocker und Stuhl. Da erwacht selbst ein altes, unansehnliches Exemplar zu ganz neuem Leben.

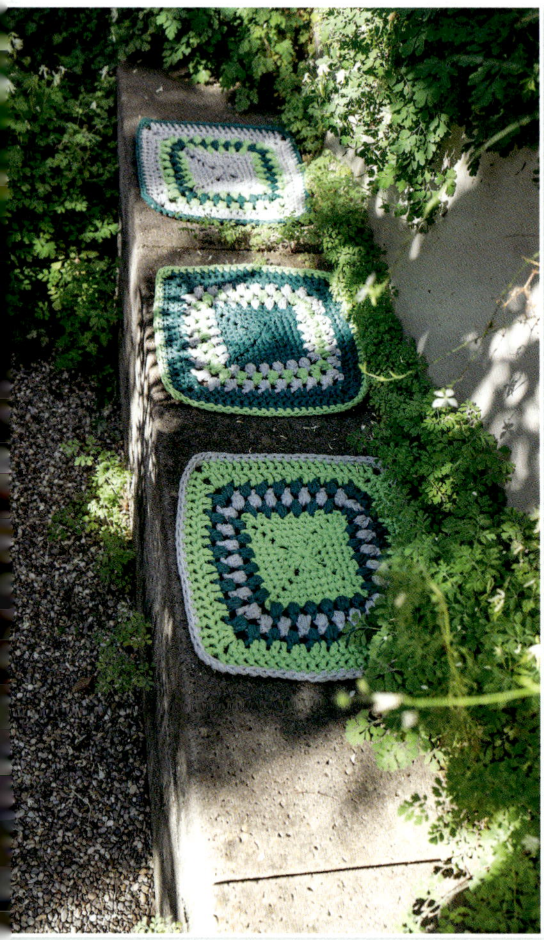

MATERIAL

- Buttinette „Woll Butt Lisa" (55 % Baumwolle, 45 % Polyacryl, Lauflänge 85 m/50 g): je 150 g in Hellgrün, Petrol und Hellgrau
- Häkelnadel Nr. 8

MUSTER

Quadrat: Beim Farbwechsel das Abmaschen der letzten Masche immer schon mit der neuen Farbe arbeiten.

FARBFOLGE

Farbfolge A (petrolfarbenes Stuhlkissen): 5 Runden Petrol, 1 Runde Hellgrau, 1 Runde Hellgrün, 1 Runde Hellgrau, 2 Runden Petrol, 1 Runde Hellgrün.

Farbfolge B (hellgrünes Stuhlkissen): 5 Runden Hellgrün, 1 Runde Petrol, 1 Runde Hellgrau, 1 Runde Petrol, 2 Runden Hellgrün, 1 Runde Hellgrau.

Farbfolge C (hellgraues Stuhlkissen): 5 Runden Hellgrau, 1 Runde Hellgrün, 1 Runde Petrol, 1 Runde Hellgrün, 2 Runden Hellgrau, 1 Runde Petrol.

MASCHENPROBE

1 Quadrat, zweifädig = 34 x 34 cm

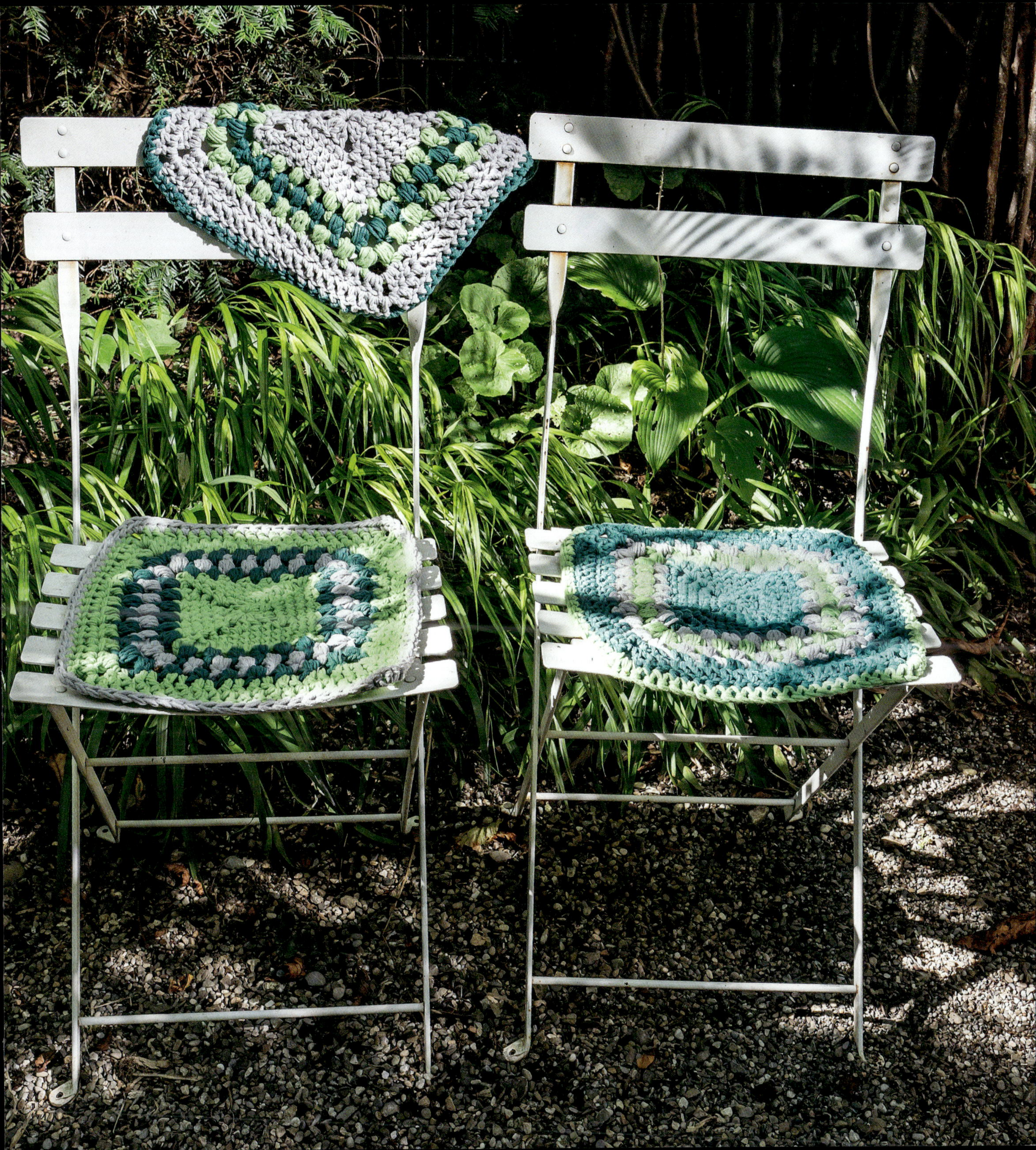

SO WIRD'S GEMACHT

QUADRAT

Von innen nach außen in Runden in der jeweiligen Streifenfolge stets zweifädig häkeln: Um einen verstellbaren Fadenring wie folgt arbeiten:

1. Runde: 3 Ersatzluftmaschen (= 1. Stäbchen), * 3 Luftmaschen = Ecke, 3 Stäbchen, ab * 3x arbeiten, 3 Luftmaschen = Ecke, 2 Stäbchen, mit 1 Kettmasche in die oberste Ersatzluftmasche zur Runde schließen.

2. Runde: 1 Kettmasche um den Luftmaschenbogen, 2 Ersatzluftmaschen (= 1. feste Masche), * 3 Luftmaschen = Ecke, 1 feste Masche um den Luftmaschenbogen, 3 feste Maschen, 1 feste Masche um den Luftmaschenbogen, ab * 3x arbeiten, 3 Luftmaschen = Ecke, 1 feste Masche um den Luftmaschenbogen, 3 feste Maschen, mit 1 Kettmasche in die oberste Ersatzluftmasche zur Runde schließen.

3.–5. Runde: Wie die 2. Runde arbeiten, dabei in jeder Runde pro Seite 2 feste Maschen mehr arbeiten.

6. Runde: 3 Ersatzluftmaschen (= 1. Stäbchen), ½ Büschelmasche (= ° 1 Umschlag, Häkelnadel einstechen und 1 Fadenschlinge holen, ab ° 2x arbeiten, 1 Umschlag und diesen durch alle Schlingen der Häkelnadel ziehen, 1 Luftmasche), * 3 Luftmaschen = Ecke, [1 Büschelmasche (= °° 1 Umschlag, Häkelnadel einstechen und 1 Fadenschlinge holen, ab °° 3x arbeiten, 1 Umschlag und diesen durch alle Schlingen der Häkelnadel ziehen, 1 Luftmasche), mit 1 Luftmasche 1 Masche übergehen] 5x, 1 Büschelmasche, ab * 3x arbeiten, 3 Luftmaschen = Ecke, [1 Büschelmasche, mit 1 Luftmasche 1 Masche übergehen] 5x, mit 1 Kettmasche in die oberste Ersatzluftmasche zur Runde schließen.

7. Runde: 1 Kettmasche um den Luftmaschenbogen, 3 Ersatzluftmaschen (= 1. Stäbchen), ½ Büschelmasche, * 3 Luftmaschen = Ecke, [1 Büschelmasche, mit 1 Luftmasche 1 Masche übergehen] 6x, 1 Büschelmasche, ab * 3x arbeiten, 3 Luftmaschen = Ecke, [1 Büschelmasche, mit 1 Luftmasche 1 Masche übergehen] 6x, mit 1 Kettmasche in die oberste Ersatzluftmasche zur Runde schließen.

8. Runde: 1 Kettmasche um den Luftmaschenbogen, 3 Ersatzluftmaschen (= 1. Stäbchen), ½ Büschelmasche, * 3 Luftmaschen = Ecke, [1 Büschelmasche, mit 1 Luftmasche 1 Masche übergehen] 7x, 1 Büschelmasche, ab * 3x arbeiten, 3 Luftmaschen = Ecke, [1 Büschelmasche, mit 1 Luftmasche 1 Masche übergehen] 7x, mit 1 Kettmasche in die oberste Ersatzluftmasche zur Runde schließen.

9. Runde: 3 Ersatzluftmaschen (= 1. Stäbchen), 1 Stäbchen, * 2 Stäbchen um den Luftmaschenbogen, 2 Luftmaschen = Ecke, 2 Stäbchen um den Luftmaschenbogen, je 1 Stäbchen in jede Büschelmasche und jede Luftmasche, ab * 4x arbeiten, 2 Stäbchen um den Luftmaschenbogen, mit 1 Kettmasche in die oberste Ersatzluftmasche zur Runde schließen.

10. Runde: 3 Ersatzluftmaschen (= 1. Stäbchen), 2 Stäbchen, * 1 Stäbchen um den Luftmaschenbogen, 2 Luftmaschen = Ecke, 1 Stäbchen um den Luftmaschenbogen, je 1 Stäbchen in jede Masche, ab * 3x arbeiten, mit 1 Kettmasche in die oberste Ersatzluftmasche zur Runde schließen.

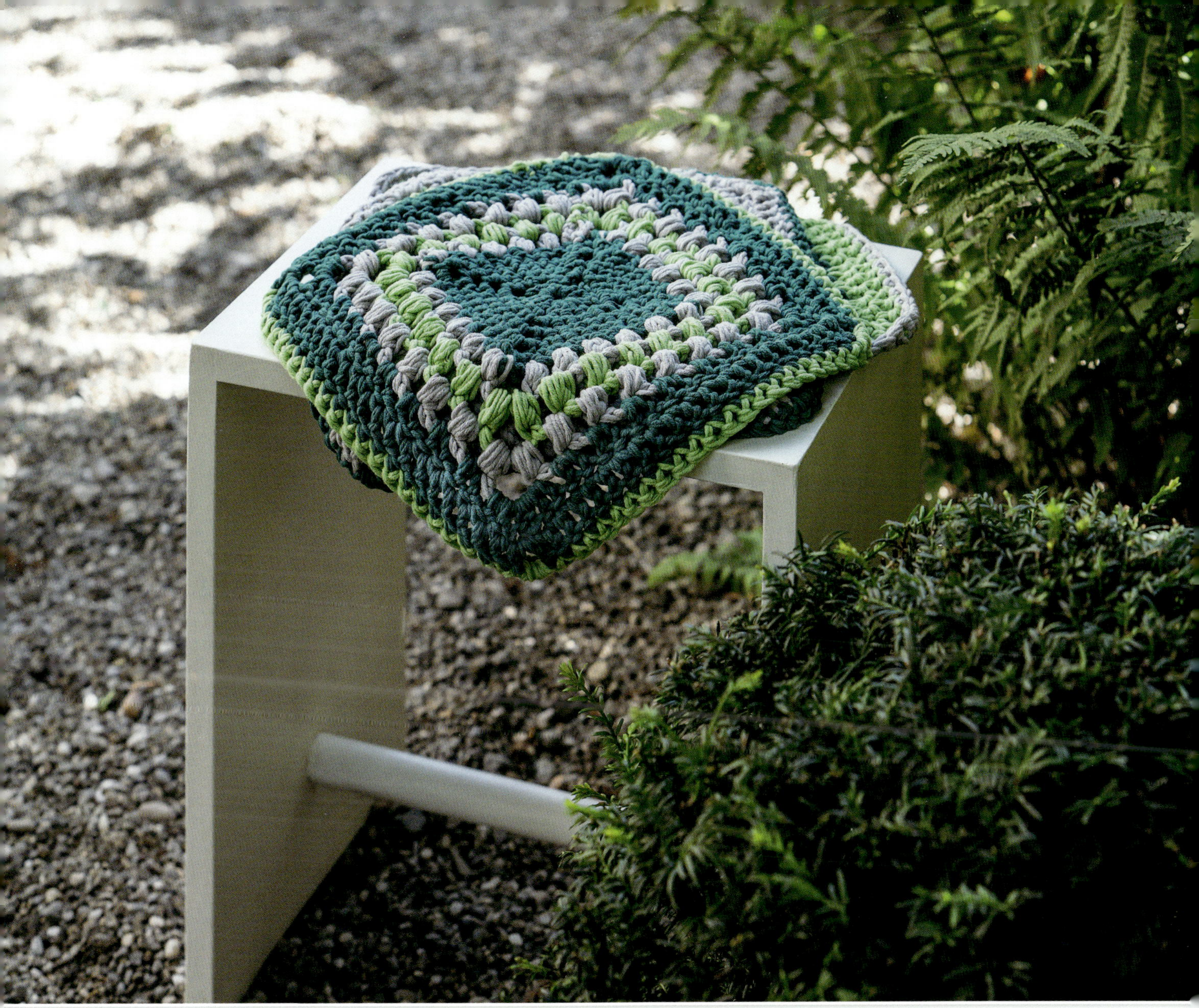

11. Runde: 2 Ersatzluftmaschen (= 1. feste Masche), 3 feste Maschen, * 3 feste Maschen um den Luftmaschenbogen = Ecke, je 1 feste Masche in jede Masche, ab * 4x arbeiten, mit 1 Kettmasche in die oberste Ersatzluftmasche zur Runde schließen.

Tipp: Für die bunten Sitzkissen können Sie auch prima Ihre Garnreste verarbeiten.

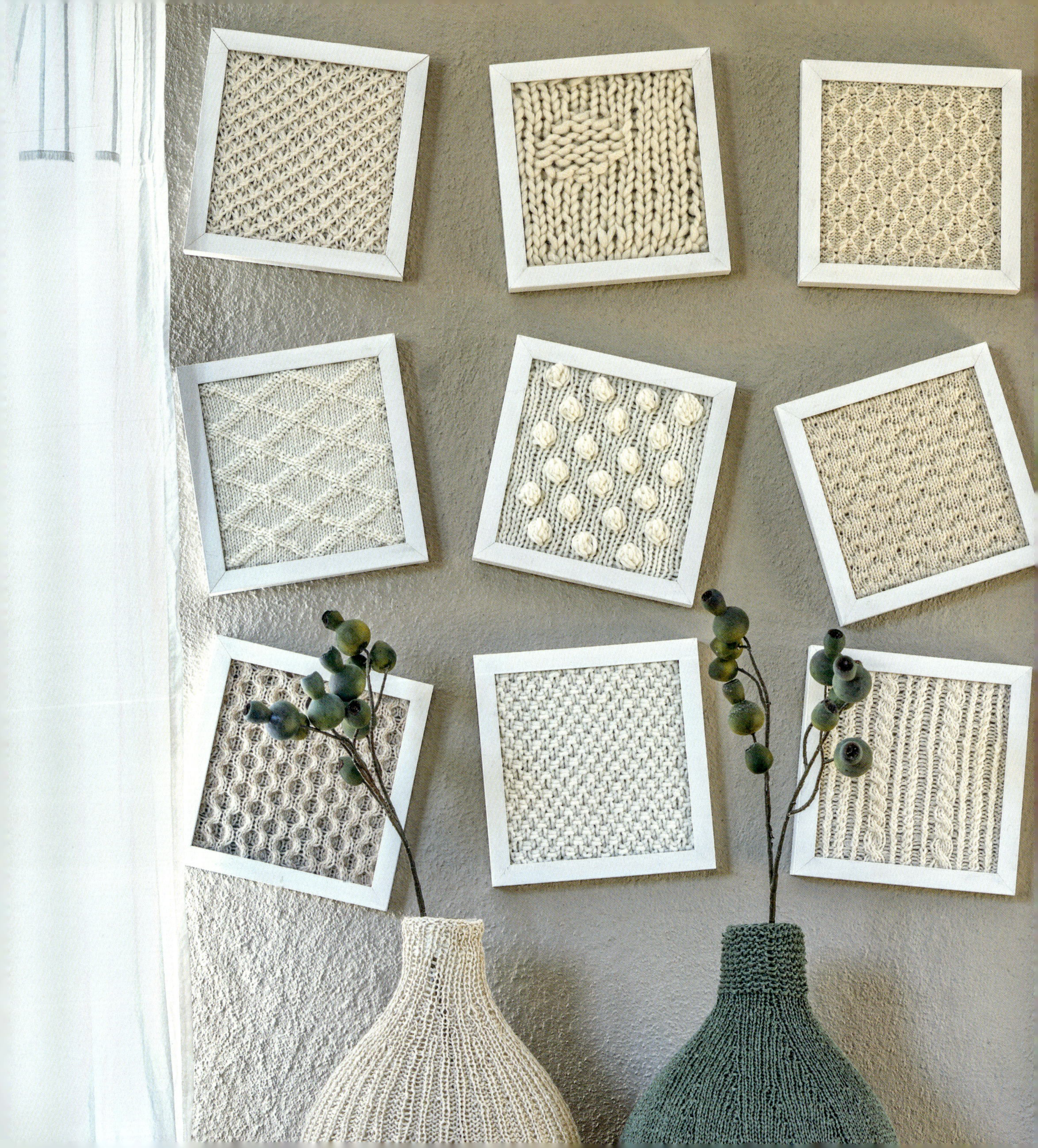

GESTRICKTE KUNST

Gestrickt | Größe: 20 x 20 cm | Schwierigkeitsgrad

Gestrickte Wandbilder wirken am allerschönsten in einer Gruppe. Die unterschiedliche Textur der Garne macht die Muster noch interressanter.

MATERIAL

- Alle Garne von Lana Grossa:
„Bingo"
(100 % Schurwolle, Lauflänge 80 m/50 g): 50 g in Rohweiß;
„Superbingo"
(100 % Schurwolle, Lauflänge 55 m/50 g): 50 g in Rohweiß,
„Benessere"
(42 % Baumwolle, 32 % Alpaka, 23 % Polyamid, Lauflänge 125 m/50 g): 50 g in Rohweiß;
„Mille II"
(50 % Schurwolle, 50 % Polyacryl, Lauflänge 55 m/50 g): 50 g in Rohweiß;
„Alta Moda Alpaca"
(90 % Alpaka, 5 % Schurwolle, 5 % Polyamid, Lauflänge 140 m/50 g): 50 g in Rohweiß;
„Fatto"
(62 % Schurwolle, 26 % Mohair, 12 % Polyamid, Lauflänge 175 m/50 g): 50 g in Rohweiß;
„Weekend"
(69 % Schurwolle, 30 % Alpaka, 1 % Baumwolle, Lauflänge 35 m/100 g): 100 g in Rohweiß
- 9 Bilderrahmen, 20 x 20 cm („Nielsen" von Bauhaus)
- Tacker mit 10 mm langen Klammern

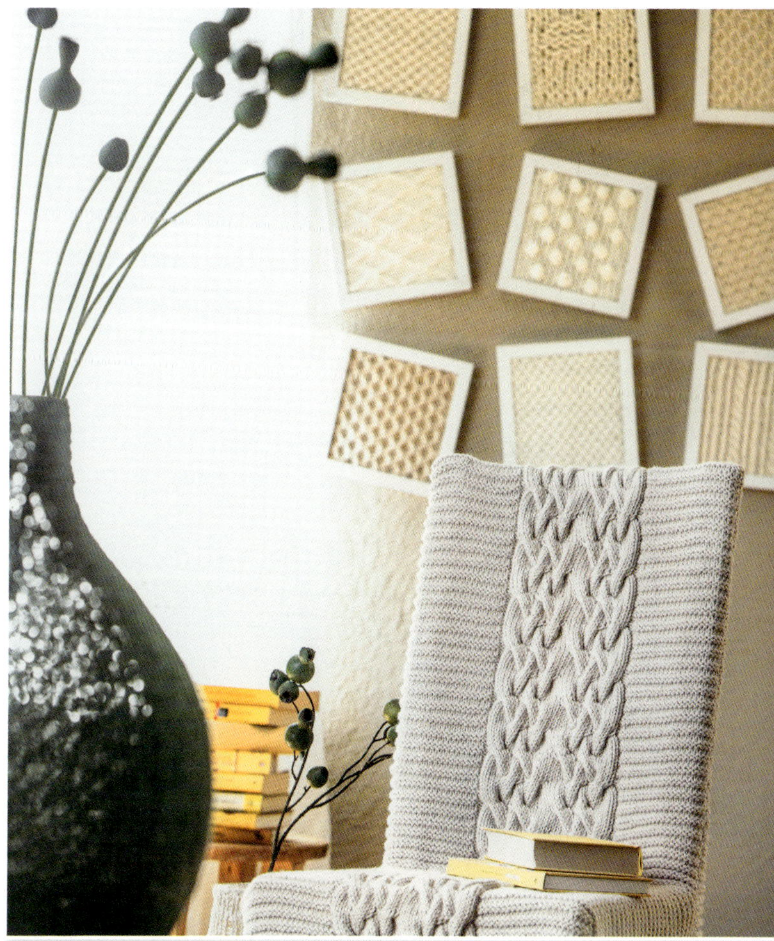

MUSTER

Großes Perlmuster mit „Superbingo": Gerade Maschenzahl. Zwischen den Randmaschen 1 Masche rechts und 1 Masche links im Wechsel stricken; nach jeder 2. Reihe versetzen.

Sternmuster mit „Benessere": Maschenzahl teilbar durch 4 + 1 + 2 Randmaschen.

1. Reihe: Rechte Maschen stricken.

2. Reihe: Randmasche, * 1 Masche links, 3 Maschen links zusammenstricken, jedoch die Maschen nicht von der Nadel gleiten lassen, sondern 1 Umschlag arbeiten und nochmals diese 3 Maschen links zusammenstricken, dann von der Nadel gleiten lassen, ab * stets wiederholen, 1 Masche links, Randmasche.

3. Reihe: Rechte Maschen stricken.

4. Reihe: Randmasche, 1 Masche links, 1 Masche rechts, 1 Masche links, * 3 Maschen wie in der 2. Reihe zusammenstricken, 1 Masche links, ab * stets wiederholen, 1 Masche rechts, 1 Masche links, Randmasche.

Die 1.–4. Reihe stets wiederholen.

Noppenmuster mit „Mille II": Maschenzahl teilbar durch 4 + 1 + 2 Randmaschen. Nach der Strickschrift stricken. Es sind die 1. Rückreihe und alle Hinreihen gezeichnet; in den nicht gezeichneten Rückreihen alle Maschen links stricken. Nach der 1. Rückreihe mit den Maschen vor dem MS = Mustersatz beginnen, den Mustersatz stets wiederholen und mit den Maschen nach dem Mustersatz enden. Die 1.–12. Reihe stets wiederholen.

Glatt rechts mit Kreis mit „Weekend": Über 12 Maschen arbeiten. Nach der Strickschrift stricken; die Maschen sind gezeichnet, wie sie auf der Vorderseite erscheinen. Es sind die Hin- und Rückreihen gezeichnet; mit 1 Rückreihe beginnen. Die 1.–17. Reihe stricken.

Blasenmuster mit „Alta Moda Alpaca": Maschenzahl teilbar durch 4 + 1 + 2 Randmaschen. Nach der Strickschrift stricken. Es sind Hin- und Rückreihen gezeichnet, mit 1 Rückreihe beginnen. In der Rückreihe mit den Maschen vor dem MS = Mustersatz beginnen, den Mustersatz stets wiederholen und mit der Masche rechts vom Mustersatz enden. Die 1.–12. Reihe stets wiederholen.

Wabenmuster mit „Fatto": Maschenzahl teilbar durch 8 + 2 Randmaschen. Nach der Strickschrift stricken. Es sind nur die Hinreihen gezeichnet; in den nicht gezeichneten Rückreihen alle Maschen links stricken. Mit der Randmasche vor dem MS = Mustersatz beginnen, den Mustersatz stets wiederholen und mit der Randmasche nach dem Mustersatz enden. Die 1.–8. Reihe stets wiederholen.

Rautenmuster mit „Bingo": Maschenzahl teilbar durch 14 + 5 + 2 Randmaschen. Nach der Strickschrift stricken; die Maschen sind gezeichnet, wie sie auf der Vorderseite erscheinen. Es sind die Hin- und Rückreihen gezeichnet. Die 1.–14. Reihe stets wiederholen.

Zopfmuster mit „Benessere": Maschenzahl teilbar durch 12 + 10 + 2 Randmaschen. Nach der Strickschrift stricken. Es sind nur die Hinreihen gezeichnet; in den nicht gezeichneten Rückreihen alle Maschen stricken, wie sie erscheinen, verschränkte Maschen links verschränkt stricken. Mit den Maschen vor dem MS = Mustersatz beginnen, den Mustersatz 2x arbeiten und mit den Maschen nach dem Mustersatz enden. Die 1.–6. Reihe stricken, dann die 3.–6. Reihe stets wiederholen.

MASCHENPROBEN

Großes Perlmuster: 12,5 Maschen und 21 Reihen = 10 x 10 cm

Sternmuster: 18,5 Maschen und 21,5 Reihen = 10 x 10 cm

Noppenmuster: 19 Maschen (leicht gedehnt) und 18,5 Reihen = 10 x 10 cm

Glatt rechts mit Kreis: 6,5 Maschen und 9 Reihen = 10 x 10 cm

Blasenmuster: 16,5 Maschen und 35,5 Reihen = 10 x 10 cm

Wabenmuster: 26,5 Maschen und 29,5 Reihen = 10 x 10 cm

Rautenmuster: 18,5 Maschen und 32 Reihen = 10 x 10 cm

Zopfmuster: 16 Maschen und 25,5 Reihen = 10 x 10 cm

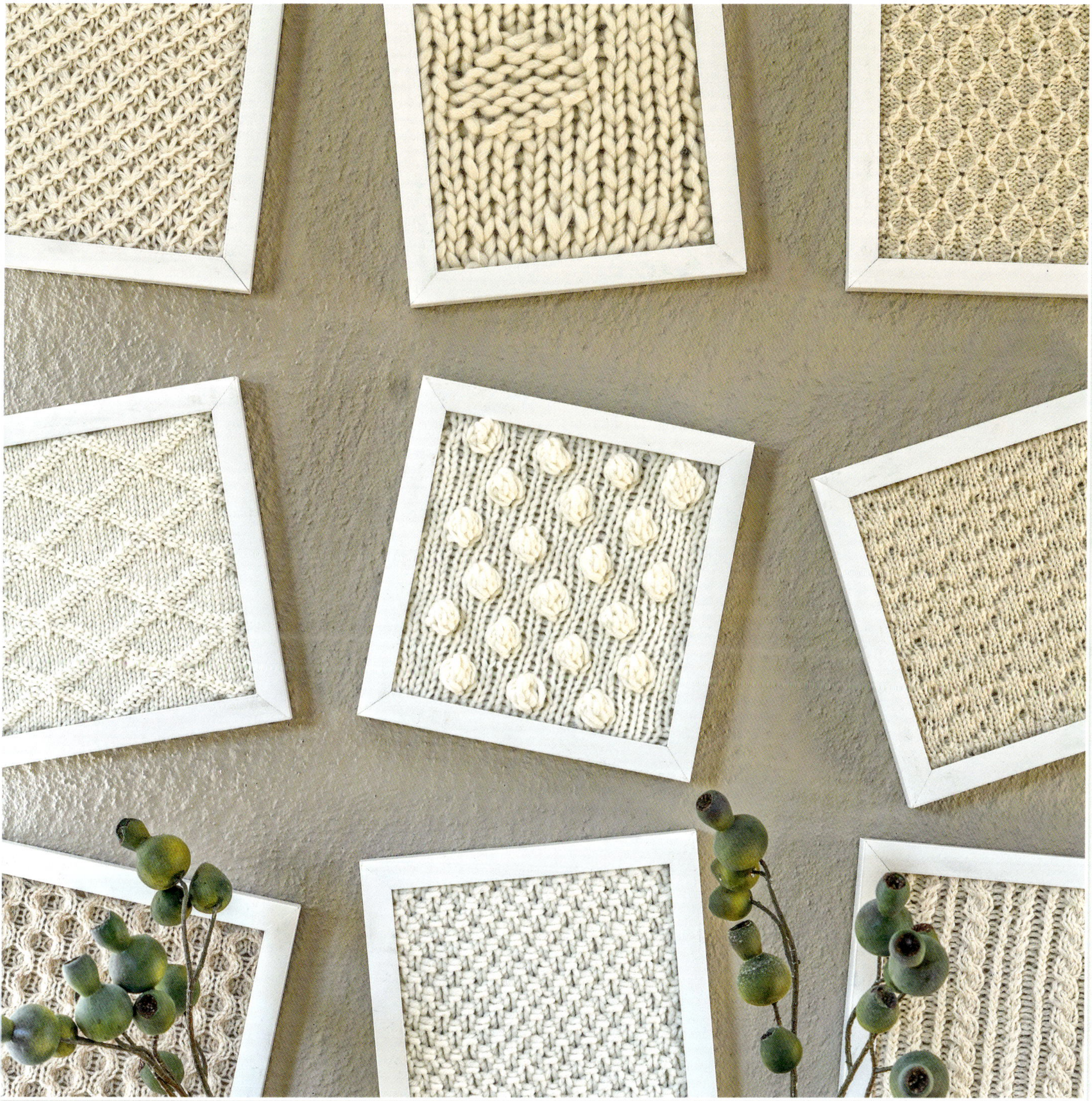

SO WIRD'S GEMACHT

BILD MIT GROSSEM PERLMUSTER

Mit Nadeln Nr. 7 und „Superbingo" 24 Maschen anschlagen und im großen Perlmuster stricken. Nach 19 cm = 40 Reihen alle Maschen abketten.

BILD GLATT RECHTS MIT KREIS

Mit Nadeln Nr. 15 und „Weekend" 12 Maschen anschlagen und glatt rechts mit Kreis stricken. Nach 19 cm = 17 Reihen alle Maschen abketten.

BILD MIT STERNMUSTER

Mit Nadeln Nr. 5 und „Benessere" 35 Maschen anschlagen und im Sternmuster stricken. Nach 19 cm = 41 Reihen alle Maschen abketten.

BILD MIT NOPPENMUSTER

Mit Nadeln Nr. 7 und „Mille II" 19 Maschen anschlagen und im Noppenmuster stricken. Nach 19 cm = 35 Reihen alle Maschen abketten.

BILD MIT BLASENMUSTER (2x)

Mit Nadeln Nr. 5 und „Alta Moda Alpaca" 31 Maschen anschlagen und im Blasenmuster stricken. Nach 19 cm = 67 Reihen alle Maschen abketten. Für das zweite Bild genauso stricken, jedoch die Rückseite als Vorderseite nehmen.

BILD MIT WABENMUSTER

Mit Nadeln Nr. 5 und „Fatto" 50 Maschen anschlagen und im Wabenmuster stricken. Nach 19 cm = 56 Reihen alle Maschen abketten.

BILD MIT RAUTENMUSTER

Mit Nadeln Nr. 4,5 und „Bingo" 35 Maschen anschlagen. 2 Reihen glatt rechts, 57 Reihen Rautenmuster und 2 Reihen glatt rechts stricken. Nach 19 cm = 61 Reihen alle Maschen abketten.

BILD MIT ZOPFMUSTER

Mit Nadeln Nr. 5 und „Benessere" 30 Maschen anschlagen und im Zopfmuster stricken. Nach 19 cm = 48 Reihen alle Maschen abketten.

FERTIGSTELLUNG: Die Glasscheiben und Passepartouts aus den Bilderrahmen nehmen. Die Strickstücke von hinten an den äußeren Rand der Bilderrahmen tackern (nicht an den vorderen, später sichtbaren Rand, denn die Klammern könnten das Holz durchstechen und sichtbar sein), dabei ca. 1 Masche bzw. 1 Reihe vom Rand entfernt die Klammern setzen. Das Strickstück sollte nicht durchhängen, eher etwas mehr spannen und mehr Maschen bzw. Reihen außerhalb der Klammern stehen lassen.

Wabenmuster

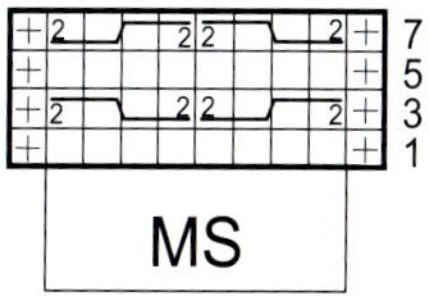

Blasenmuster

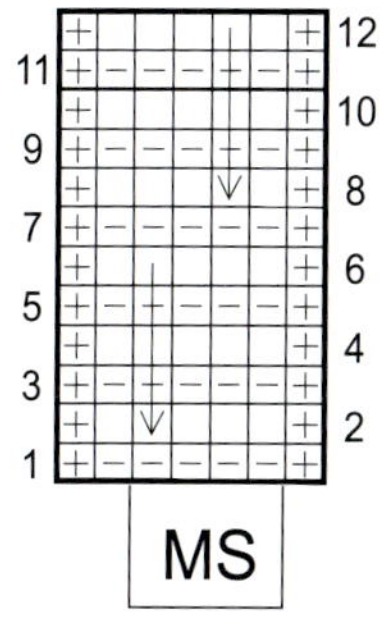

Zeichenerklärung

⊞ = 1 Randmasche

□ = 1 Masche rechts

⊟ = 1 Masche links

⧀ = 1 Masche rechts verschränkt

N = 1 Noppe: Aus 1 Masche 1 Masche rechts, 1 Umschlag, 1 Masche rechts, 1 Umschlag, 1 Masche rechts stricken, wenden, diese 5 Maschen links stricken, wenden, die 5 Maschen rechts stricken, dann die 4., 3., 2., 1. Masche über die 5. Masche ziehen

= 2 Maschen nach rechts verzopfen: die 2. Masche vor der 1. Masche rechts stricken, dann die 1. Masche rechts stricken

= 4 Maschen nach rechts verzopfen: 2 Maschen auf einer Hilfsnadel vor die Arbeit legen, 2 Maschen rechts stricken, dann die 2 Maschen der Hilfsnadel rechts stricken

= 1 tiefgestochene Masche: 1 Masche rechts, jedoch 5 Reihen tiefer einstechen, dadurch lösen sich die Maschen darüber auf

Noppenmuster

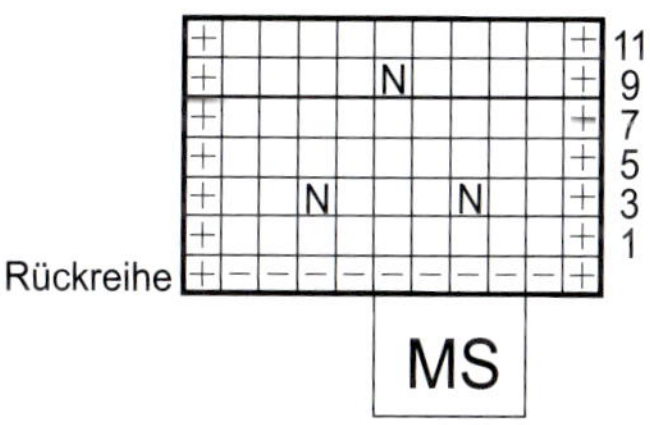

Glatt rechts mit Kreis

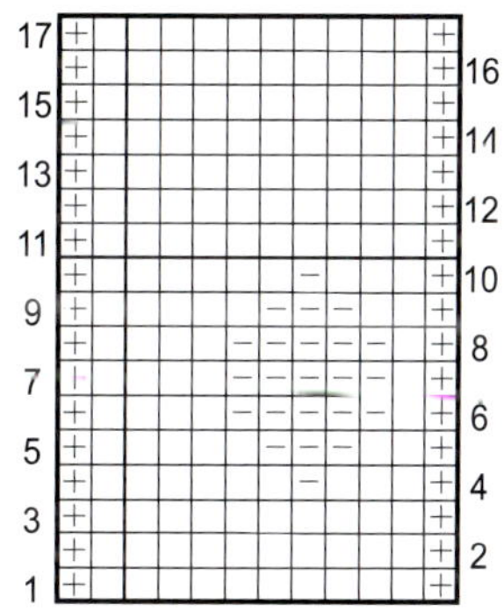

Rautenmuster

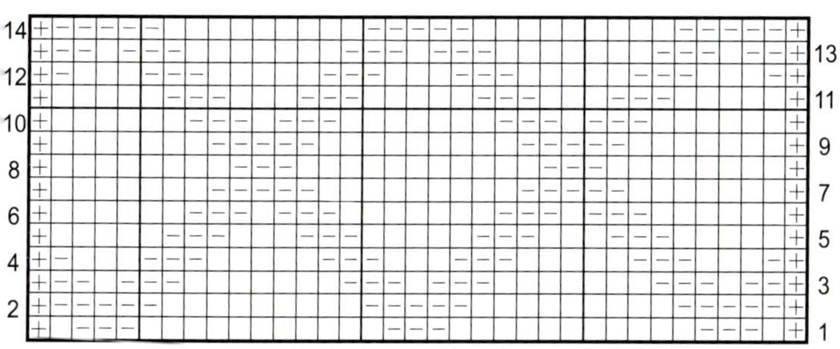

Zopfmuster

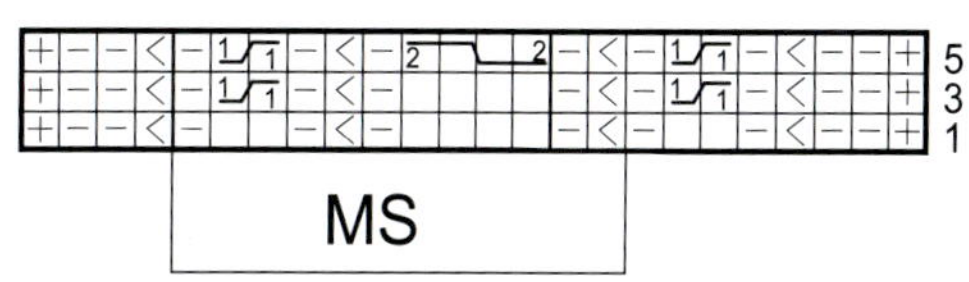

ROMANTISCHES WINDLICHT

Gehäkelt | Größe: ø 20 cm, Höhe: 11 cm | Schwierigkeitsgrad ● bis ●●

Der zarte Mantel fürs Windlichtglas taucht alles in ein romantisches Licht. Am schönsten mit mehreren Teelichtern oder Schwimmkerzen bestücken.

MATERIAL

- Junghans-Wolle „Cotonia II" (100 % Baumwolle, Lauflänge 135 m/50 g): 100 g in Ecru
- Häkelnadel Nr. 3
- Windlicht (ø 20 cm, 11 cm hoch) von Buttinette (Artikel-Nr. 20-55769)

MUSTER

Feste Maschen: In Spiralrunden häkeln.

MASCHENPROBE

23 feste Maschen und 12,5 Runden = 10 x 10 cm

SO WIRD'S GEMACHT

BODEN

Mit Häkelnadel Nr. 3 um einen verstellbaren Fadenring 6 feste Maschen häkeln. Den Rundenanfang markieren und die Markierung mitführen. In Spiralrunden weiterarbeiten.

2. Runde: Stets 2 feste Maschen in 1 Masche = 12 feste Maschen.

3. Runde: * 1 feste Masche, 2 feste Maschen in 1 Masche, ab * 6x arbeiten = 18 feste Maschen.

4. Runde: * 2 feste Maschen, 2 feste Maschen in 1 Masche, ab * 6x arbeiten = 24 feste Maschen.

5. Runde: * 3 feste Maschen, 2 feste Maschen in 1 Masche, ab * 6x arbeiten = 30 feste Maschen.

6. Runde: * 4 feste Maschen, 2 feste Maschen in 1 Masche, ab * 6x arbeiten = 36 feste Maschen.

7. Runde: * 5 feste Maschen, 2 feste Maschen in 1 Masche, ab * 6x arbeiten = 42 feste Maschen.

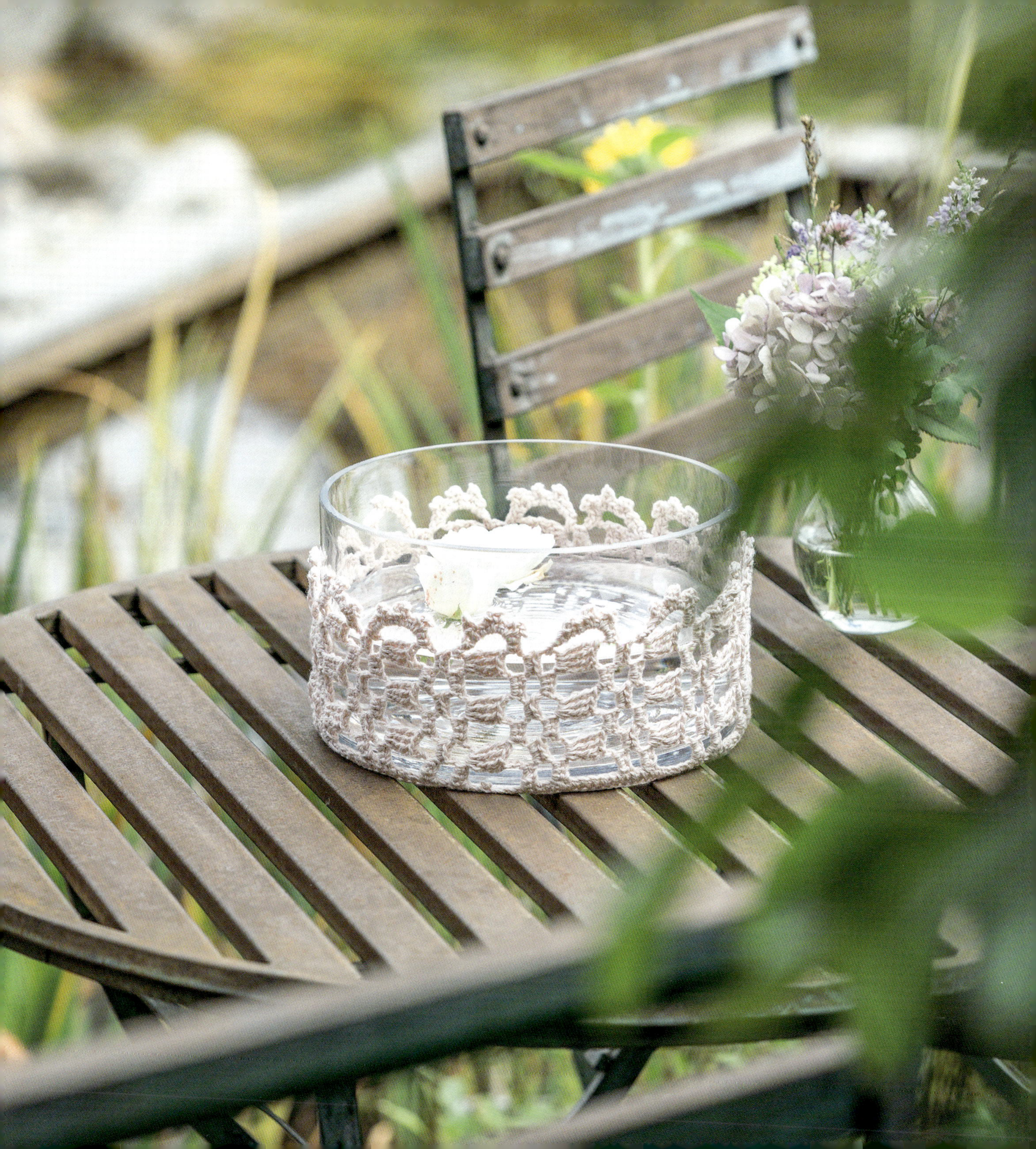

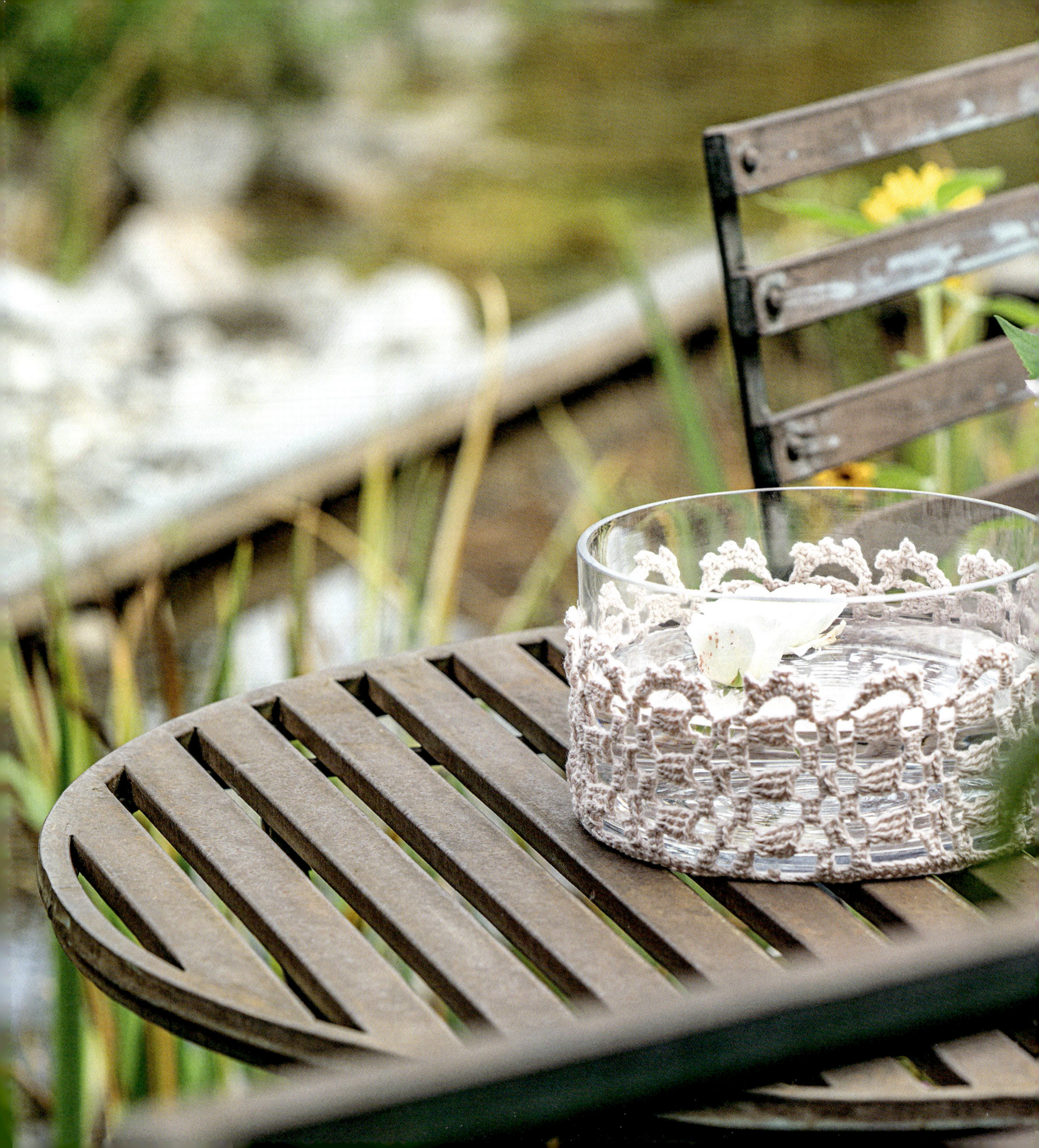

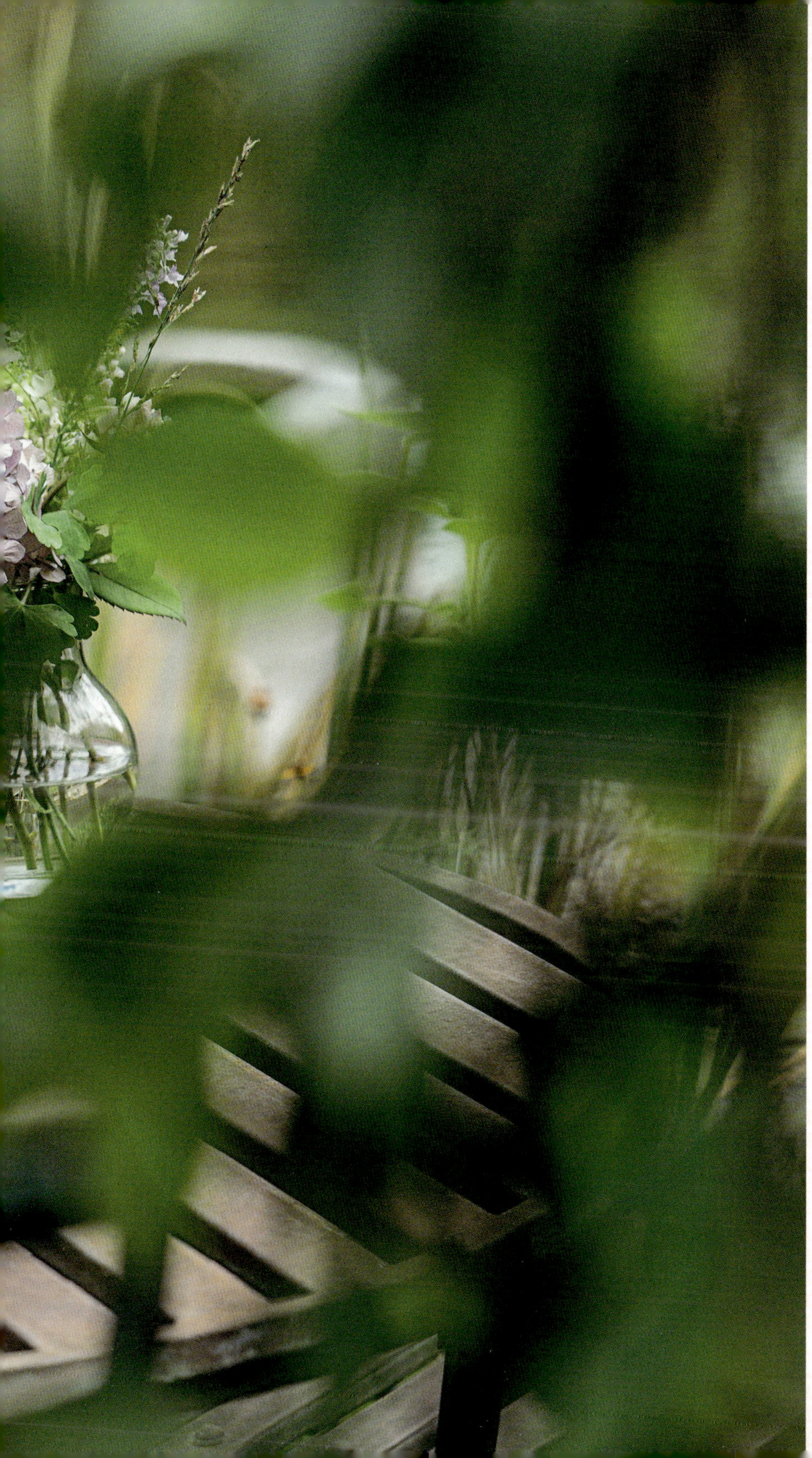

Lasst uns nicht die
Dunkelheit verfluchen,
sondern kleine
Lichter anzünden.

Dada Vaswani

8. Runde: * 6 feste Maschen, 2 feste Maschen in 1 Masche, ab * 6x arbeiten = 48 feste Maschen.

9. Runde: * 7 feste Maschen, 2 feste Maschen in 1 Masche, ab * 6x arbeiten = 54 feste Maschen.

10. Runde: * 8 feste Maschen, 2 feste Maschen in 1 Masche, ab * 6x arbeiten = 60 feste Maschen.

11. Runde: * 9 feste Maschen, 2 feste Maschen in 1 Masche, ab * 6x arbeiten = 66 feste Maschen.

12. Runde: * 10 feste Maschen, 2 feste Maschen in 1 Masche, ab * 6x arbeiten = 72 feste Maschen.

13. Runde: * 11 feste Maschen, 2 feste Maschen in 1 Masche, ab * 6x arbeiten = 78 feste Maschen.

14. Runde: * 12 feste Maschen, 2 feste Maschen in 1 Masche, ab * 6x arbeiten = 84 feste Maschen.

15. Runde: * 13 feste Maschen, 2 feste Maschen in 1 Masche, ab * 6x arbeiten = 90 feste Maschen.

16. Runde: * 14 feste Maschen, 2 feste Maschen in 1 Masche, ab * 6x arbeiten = 96 feste Maschen.

17. Runde: * 15 feste Maschen, 2 feste Maschen in 1 Masche, ab * 6x arbeiten = 102 feste Maschen.

18. Runde: * 16 feste Maschen, 2 feste Maschen in 1 Masche, ab * 6x arbeiten = 108 feste Maschen.

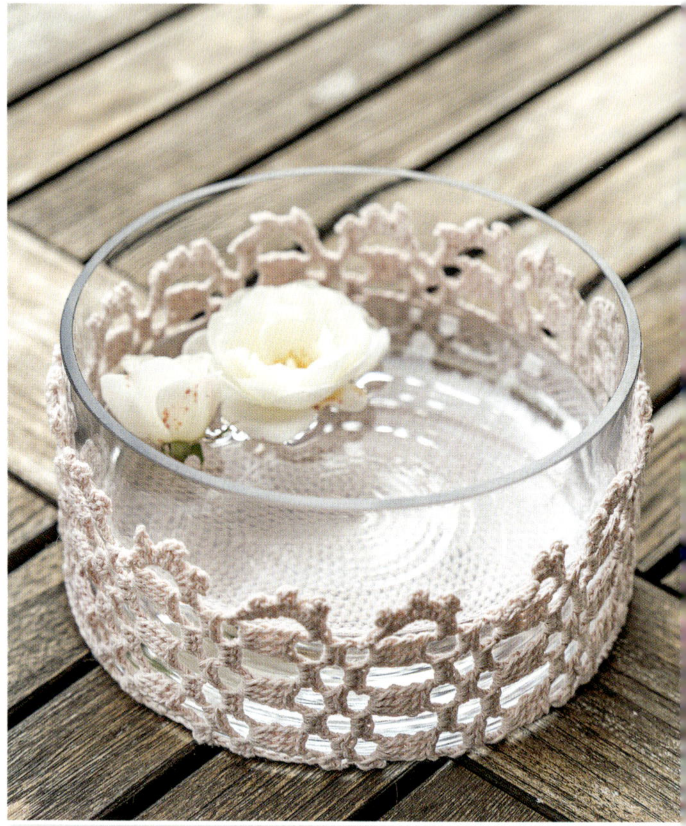

19. Runde: * 17 feste Maschen, 2 feste Maschen in 1 Masche, ab * 6x arbeiten = 114 feste Maschen.

20. Runde: * 18 feste Maschen, 2 feste Maschen in 1 Masche, ab * 6x arbeiten = 120 feste Maschen.

21. Runde: * 19 feste Maschen, 2 feste Maschen in 1 Masche, ab * 6x arbeiten = 126 feste Maschen.

22. Runde: * 20 feste Maschen, 2 feste Maschen in 1 Masche, ab * 6x arbeiten = 132 feste Maschen.

23. Runde: * 21 feste Maschen, 2 feste Maschen in 1 Masche, ab * 6x arbeiten = 138 feste Maschen.

24. Runde: * 22 feste Maschen, 2 feste Maschen in 1 Masche, ab * 6x arbeiten, mit 1 Kettmasche in die 1. feste Masche zur Runde schließen = 144 feste Maschen.

25. Runde: 144 feste Maschen, dabei jedoch nur in die hinteren Maschenglieder einstechen. Arbeit beenden.

SEITENWAND

23 Luftmaschen mit Häkelnadel Nr. 3 anschlagen = 15 Anschlagsluftmaschen und 8 Luftmaschen (diese gehören zur 1. Reihe).

1. Reihe: 4 Doppelstäbchen in die 12. Luftmasche ab Häkelnadel, * mit 3 Luftmaschen 4 Maschen übergehen, 4 Doppelstäbchen in 1 Masche, ab * 2x arbeiten, 8 Luftmaschen, 1 feste Maschen in die 1. Luftmasche des Anschlags. Arbeit wenden.

2. Reihe: 1 Luftmaschen, * 2 feste Maschen um den Luftmaschenbogen, 1 Pikot (= 3 Luftmaschen, 1 feste Masche in die 1. Luftmasche), ab * 3x arbeiten, 3 feste Maschen um den Luftmaschenbogen, ** mit 3 Luftmaschen 2 Doppelstäbchen übergehen, 4 feste Maschen um den folgenden Luftmaschenbogen ab ** 3x arbeiten. Arbeit wenden.

3. Reihe: 4 Luftmaschen, * 4 feste Masche um den Luftmaschenbogen, mit 3 Luftmaschen 4 feste Maschen übergehen, ab * 2x arbeiten, 4 feste Maschen um den Luftmaschenbogen. Arbeit wenden.

4. Reihe: Wie die 3. Reihe arbeiten.

5. Reihe: 8 Luftmaschen, * 4 Doppelstäbchen um den folgenden Luftmaschenbogen, mit 3 Luftmaschen 4 Maschen übergehen, ab * 2x arbeiten, 8 Luftmaschen, 1 feste Masche in die 1. Luftmasche der 4. Reihe. Arbeit wenden.

Die 2.–4. Reihe noch 14x wiederholen. Mit 1 Reihe fester Maschen die Anschlagsreihe mit der letzten Reihe verbinden.

FERTIGSTELLUNG: Die Seitenwand an den äußeren Rand des Bodens nähen. Das Windlicht einsetzen.

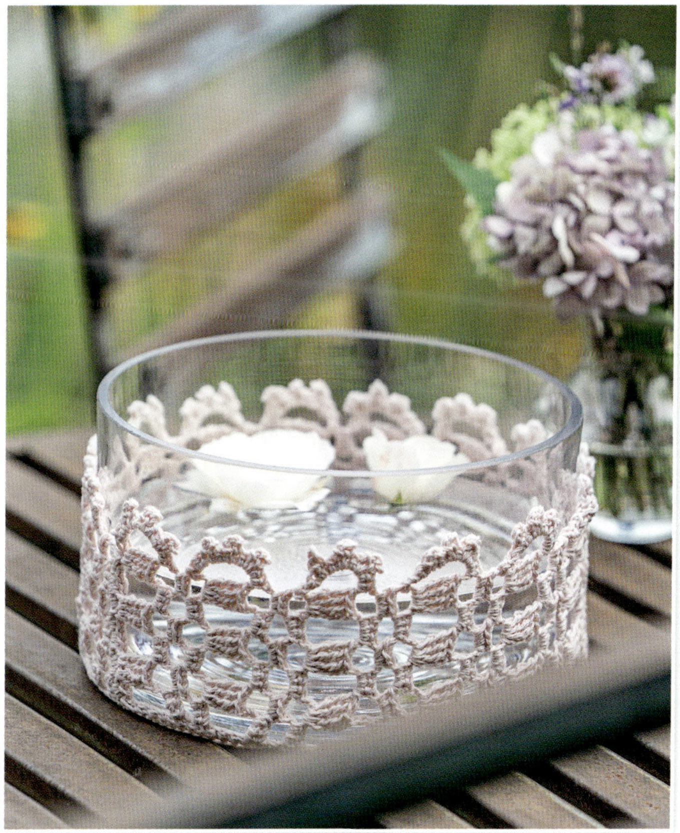

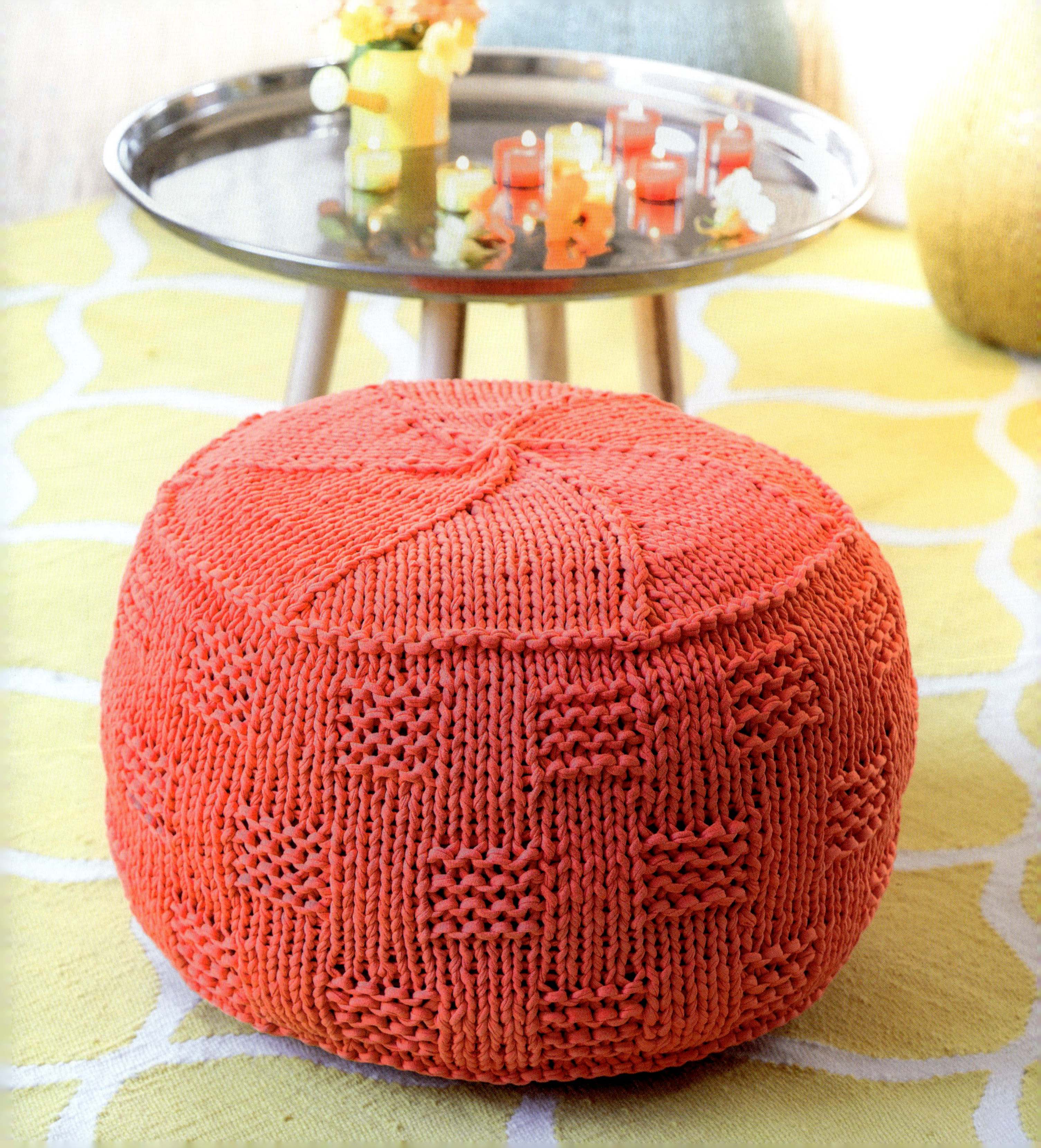

NEUES POUFKLEID

Gestrickt | Größe: 42 cm Ø, Höhe 28 cm | Schwierigkeitsgrad

Ein einfacher oder alter Pouf in einem neuen, farbintensiven Gewand. Und das Schöne daran: Das Stricken geht schnell voran.

MATERIAL

- Hoooked „Zpagetti" (90 % recycelte Baumwolle, 10 % recycelte Fasern, Lauflänge 120 m/Knäuel): 3 Knäuel in Coral Flower
- 2 Rundstricknadeln Nr. 12, je 80 cm lang
- 1 Pouf mit Stoffbezug (z. B. über Ebay), Durchmesser 42 cm, Höhe 28 cm

MUSTER

Glatt rechts: In Runden stets rechte Maschen stricken.

Karomuster: Maschenzahl teilbar durch 8. Nach der Strickschrift stricken. Es ist jede Runde gezeichnet. Den MS = Mustersatz stets wiederholen. Die 1.–24. Runde, dann die 1.–13. Runde stricken = 37 Runden.

MASCHENPROBE

Glatt rechts: 9 Maschen und 13 Runden = 10 x 10 cm

SO WIRD'S GEMACHT

BEZUG

12 Maschen anschlagen und zur Runde schließen. Um bequemer stricken zu können, mit 2 Rundstricknadeln arbeiten. Die Maschen auf 2 Rundstricknadeln verteilen und in jeder Runde die erste Hälfte auf der einen, die zweite Hälfte auf der anderen Nadel stricken. Den Rundenbeginn markieren und die Markierung mitführen.

1. Runde: 12 Maschen rechts stricken.

2. Runde: * 1 Masche rechts, 1 Umschlag, ab * 6x arbeiten = 18 Maschen.

3. Runde: * 1 Masche rechts, den Umschlag rechts verschränkt stricken, ab * 6x arbeiten.

4. Runde: * 2 Maschen rechts, 1 Umschlag, ab * 6x arbeiten = 24 Maschen.

Die Schönheit der
Dinge liegt in der Seele
dessen, der sie betrachtet.

David Hume

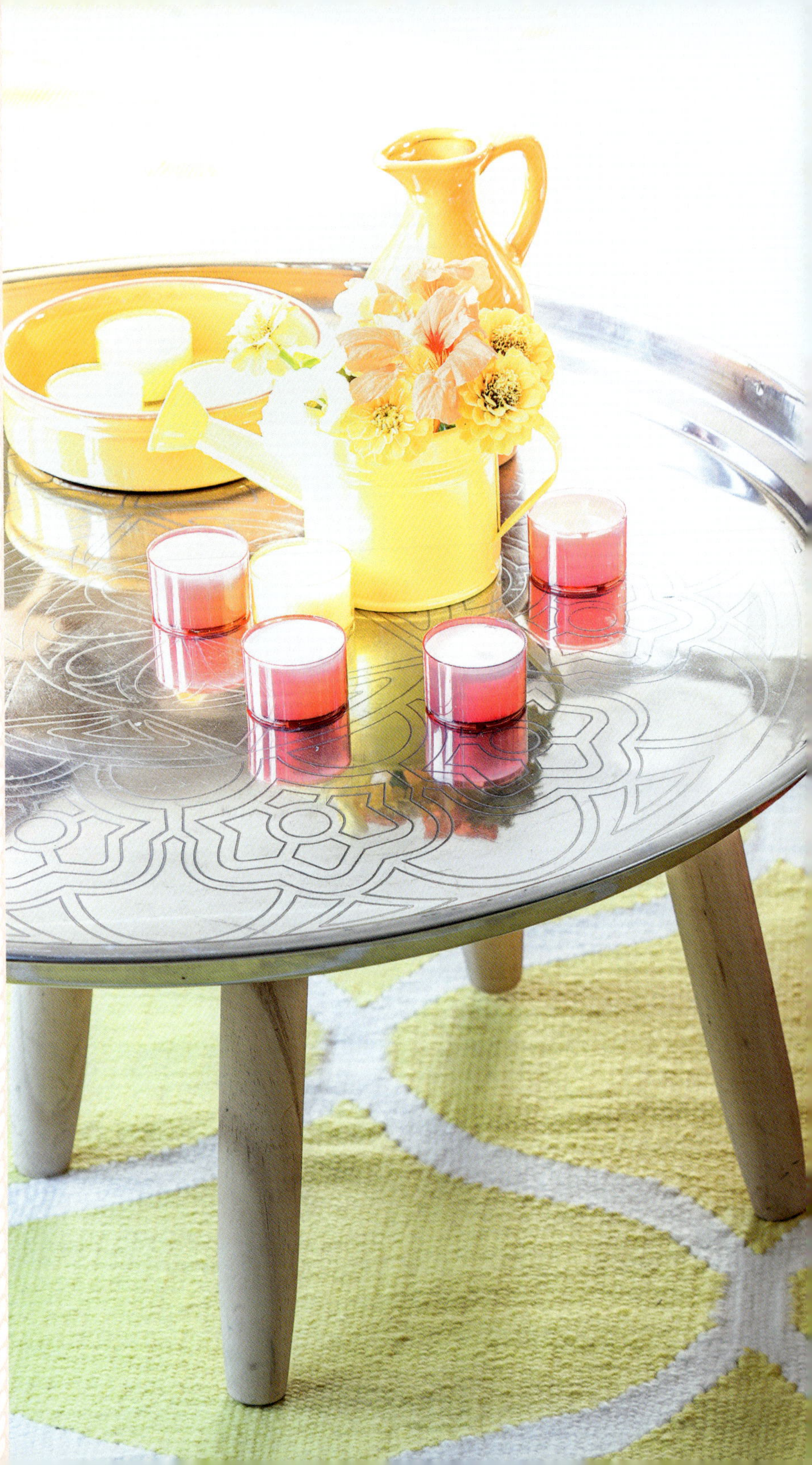

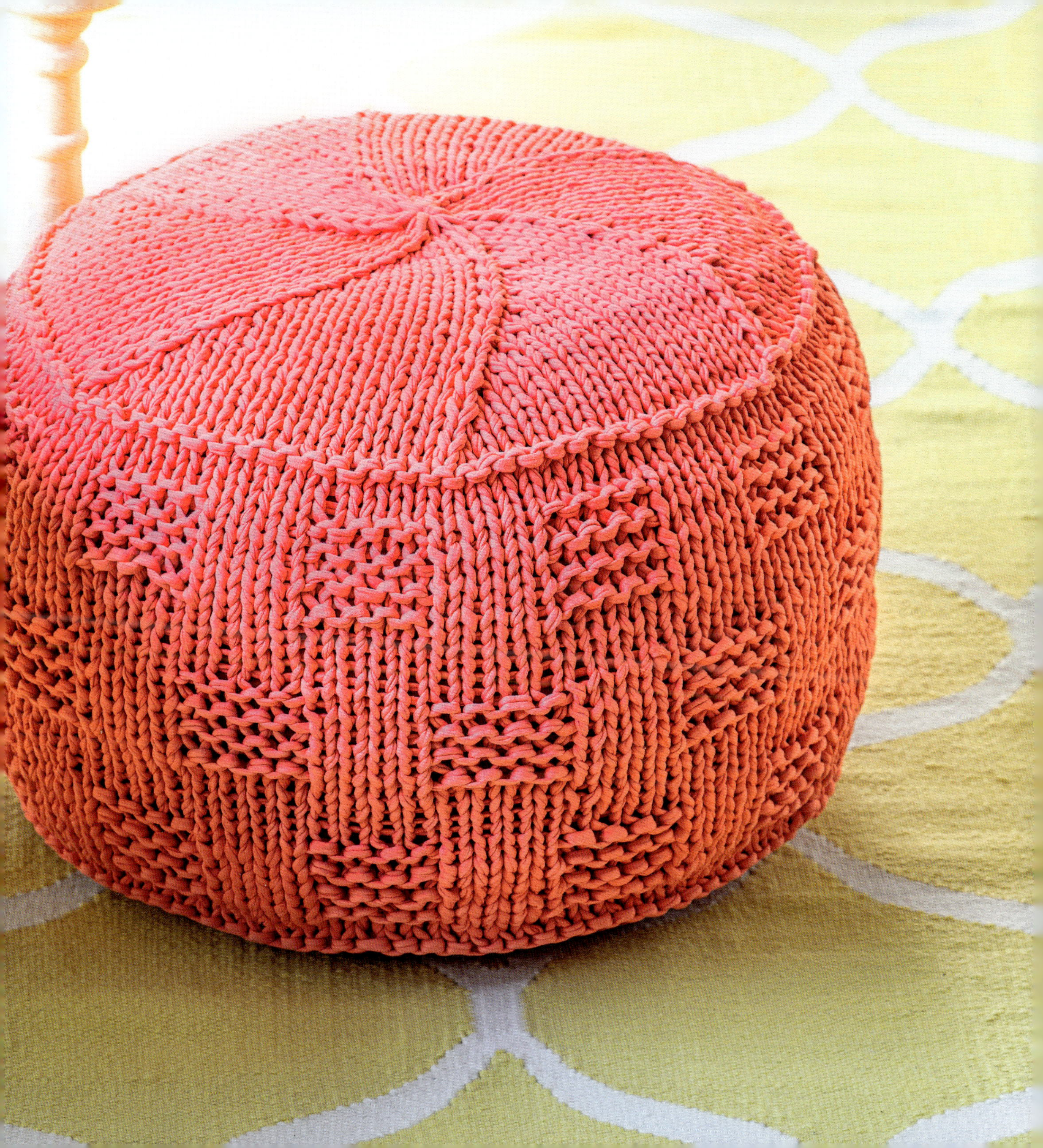

5. Runde: * 2 Maschen rechts, den Umschlag rechts verschränkt stricken, ab * 6x arbeiten = 30 Maschen. Die 4. und 5. Runde stets wiederholen; pro Runde ergeben sich 6 Maschen, dabei die Umschläge stets über den vorhergehenden arbeiten. Nach 41,5 cm = 27 Runden sind 96 Maschen auf den Nadeln. Nun für den Umbruch 1 Runde linke Maschen stricken.

Danach die 37 Runden des Karomusters arbeiten. Nun wieder 1 Runde linke Maschen für den Umbruch und noch 1 Runde rechte Maschen stricken.

Zur Formgebung wie folgt weiterarbeiten.

1. Runde: * 14 Maschen rechts, 2 Maschen rechts zusammenstricken, ab * 6x arbeiten = 90 Maschen.

2. Runde: Rechts stricken.

3. Runde: * 13 Maschen rechts, 2 Maschen rechts zusammenstricken, ab * 6x arbeiten = 84 Maschen.

Auf diese Weise fortfahren und so in jeder Runde 6 Maschen abnehmen, dadurch verringert sich nach und nach die Maschenzahl zwischen den Abnahmen. Nach ca. 7 Runden den Bezug über den Pouf stülpen und nun mit Pouf weiterhin rundstricken. Wenn noch 30 Maschen bzw. 5 Maschen pro Rapport vorhanden sind, die Abnahmen in jeder Runde arbeiten, bis noch 12 Maschen übrig sind.

FERTIGSTELLUNG: Den Faden abschneiden, 2x durch die Maschen fädeln und diese fest zusammenziehen. Anschließend noch 1x durchfädeln und strammziehen. Den Faden in den Pouf ziehen.

Karomuster

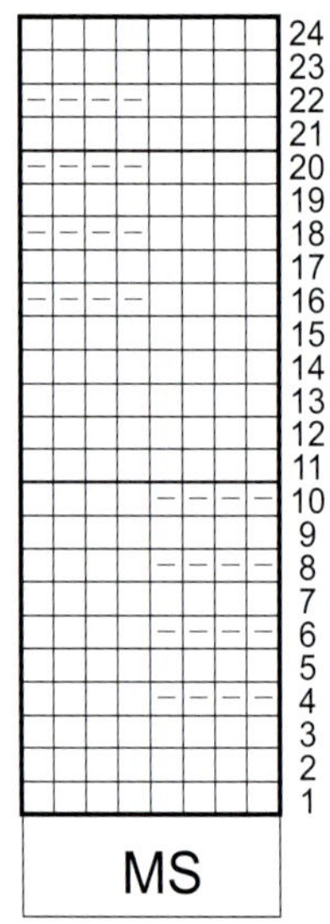

Zeichenerklärung

☐ = 1 Masche rechts

⊟ = 1 Masche links

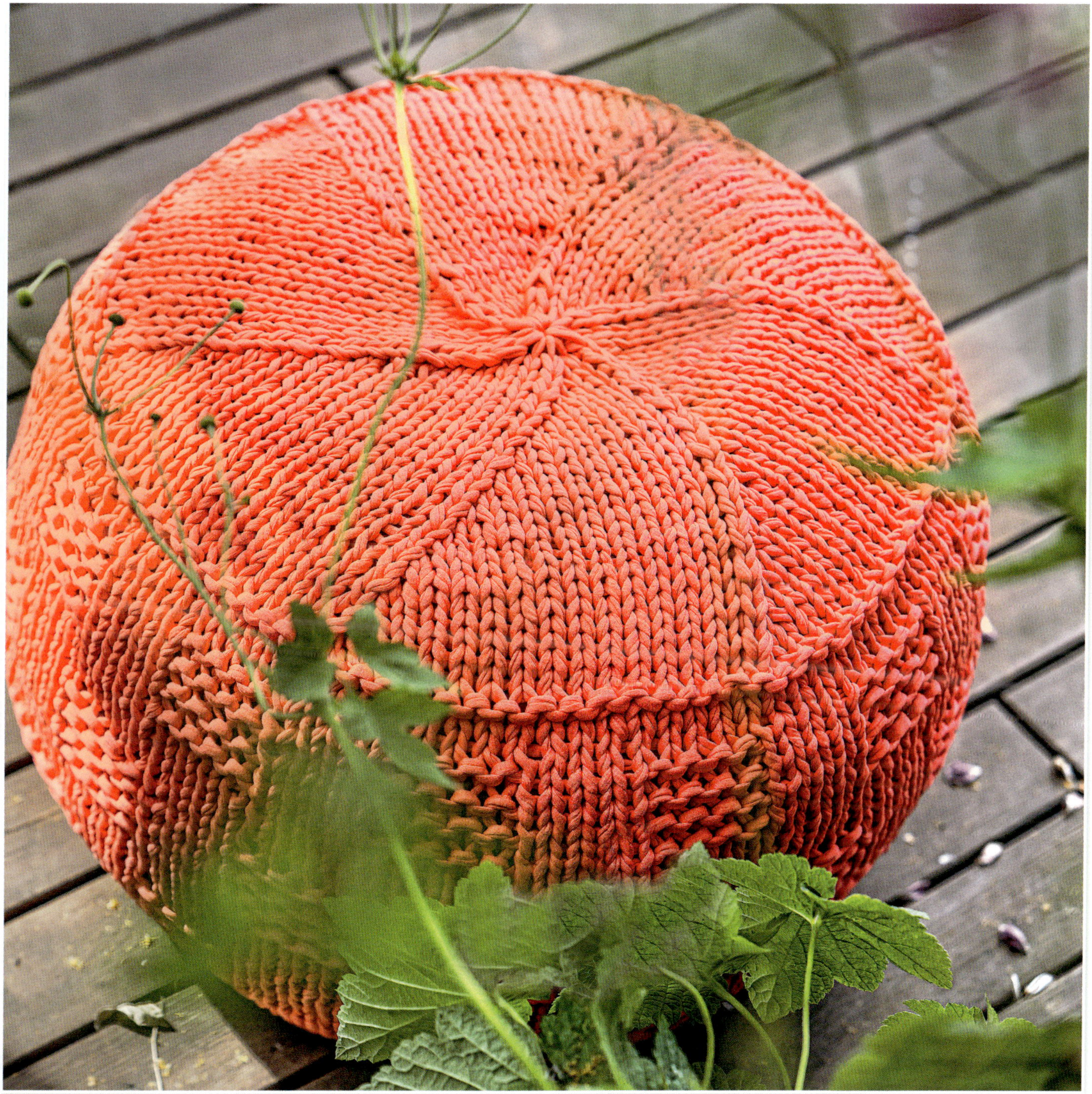

PFLEGELEICHTE KAKTEEN

Gehäkelt | Größe: kleiner Kaktus 8,5 cm, 3-facher Kaktus 16,5 cm, mittlerer Kaktus 17 cm, kleiner Kugelkaktus 13 cm, großer Kugelkaktus 10,5 cm | Schwierigkeitsgrad

Eine Kakteen-Parade für die Fensterbank oder den Garten, und das ganz ohne Stacheln.

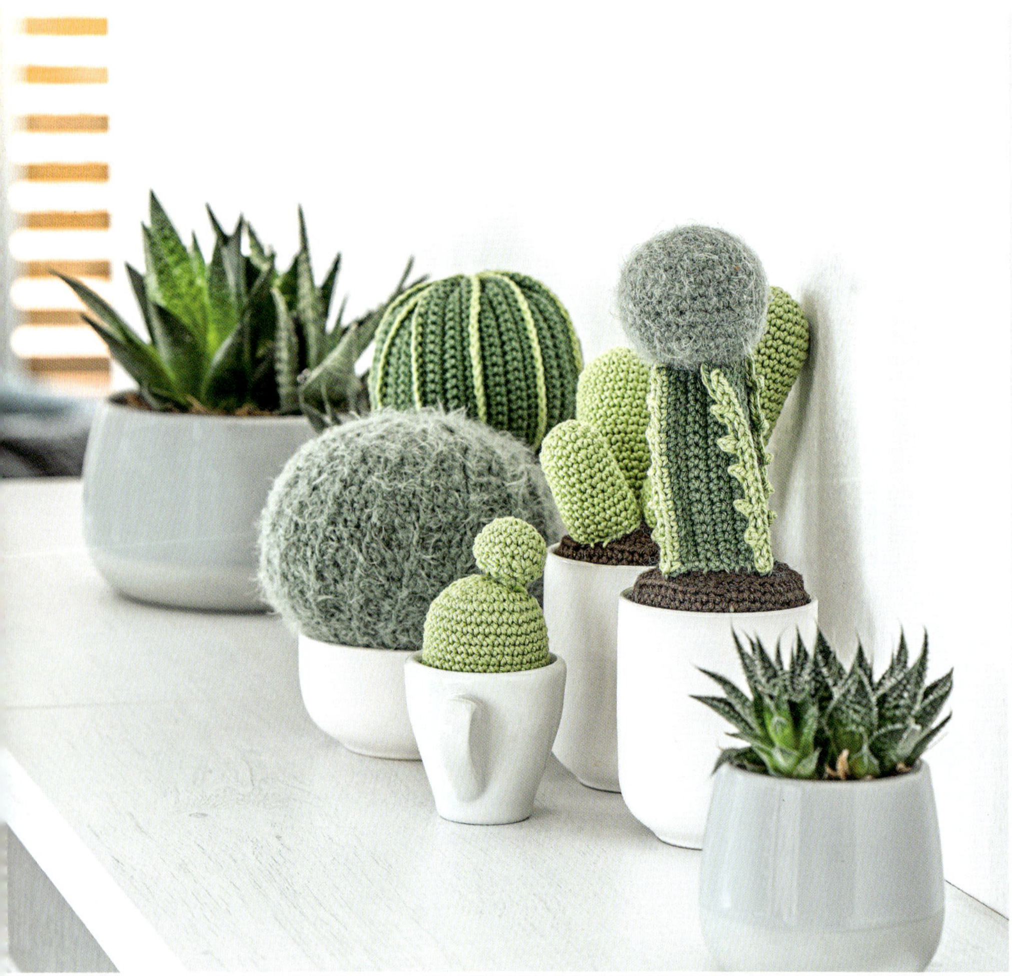

MATERIAL

- Lana Grossa „Cotone" (100 % Baumwolle, Lauflänge 125 m/50 g): je 50 g in Farngrün und Pistazie; „Estivo II" (85 % Baumwolle, 15 % Polyamid, Lauflänge 150 m/50 g): 50 g in Resedagrün; „Elastico" (96 % Baumwolle, 4 % Polyester, Lauflänge 160 m/50 g): 50 g in Mokka
- Häkelnadeln Nr. 3 und 4
- Füllwatte
- 1 kleiner Tontopf mit 5,5 cm Durchmesser und 5 cm hoch, 3 mittlere Tontöpfe mit 8,5 cm Durchmesser und 7 cm hoch, 1 großer Tontopf mit 11 cm Durchmesser und 10,5 cm hoch

MUSTER

Feste Maschen: Jede Reihe/Runde mit 1 Luftmasche beginnen und jede Runde mit 1 Kettmasche in die 1. feste Masche zur Runde schließen.

Halbe Stäbchen: Jede Runde mit 2 Ersatzluftmaschen (= 1. halbes Stäbchen) beginnen und mit 1 Kettmasche in die oberste Ersatzluftmasche zur Runde schließen.

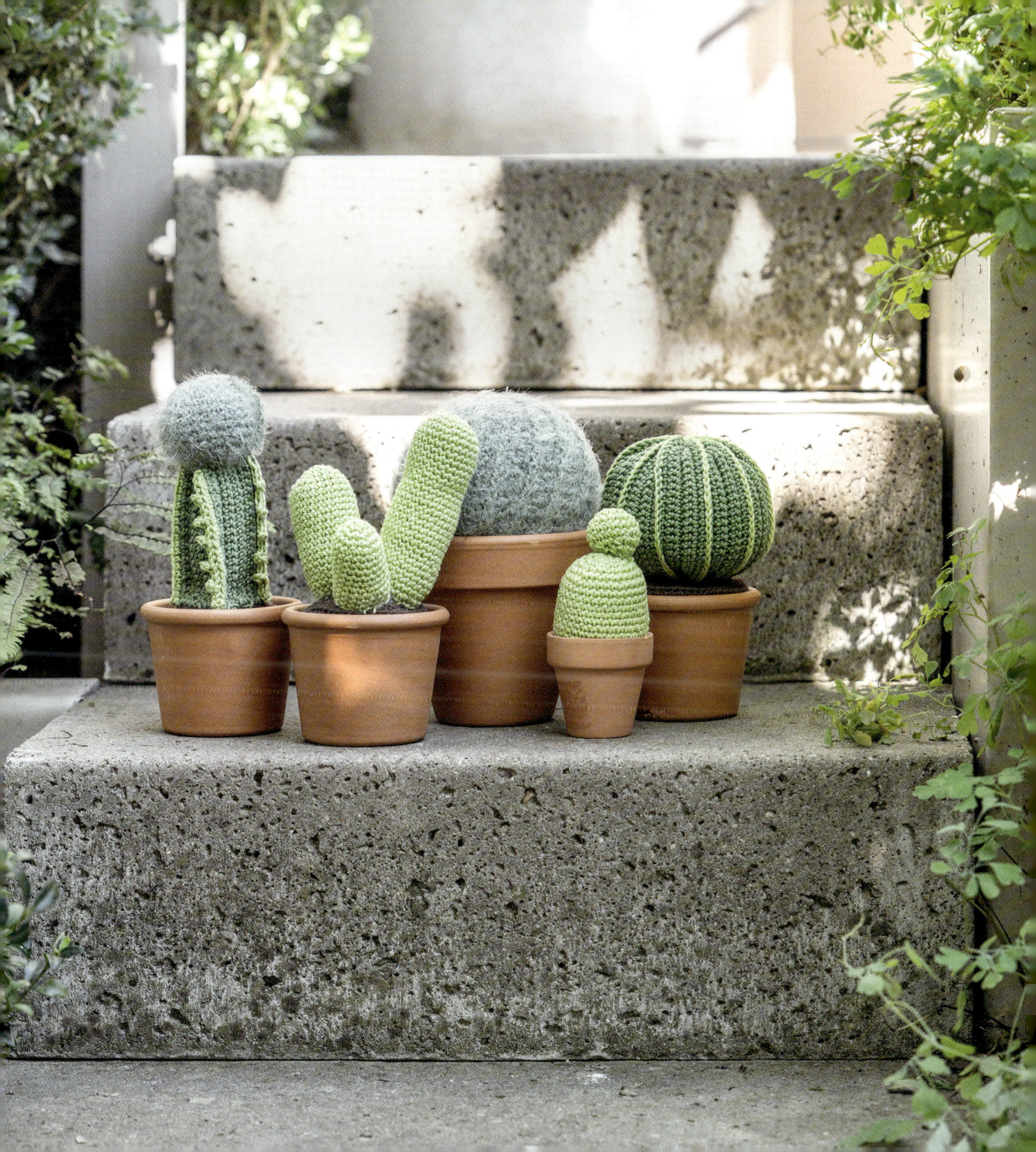

SO WIRD'S GEMACHT

KLEINER KAKTUS

Für den Stamm mit Häkelnadel Nr. 3 in Pistazie arbeiten. Um einen verstellbaren Fadenring 6 feste Maschen häkeln. In Spiralrunden häkeln.

2. Runde: Stets 2 feste Maschen in 1 Masche = 12 feste Maschen.

3. Runde: * 1 feste Masche, 2 feste Maschen in 1 Masche, ab * 6x arbeiten = 18 feste Maschen.

4. Runde: * 2 feste Maschen, 2 feste Maschen in 1 Masche, ab * 6x arbeiten = 24 feste Maschen.

5. Runde: * 3 feste Maschen, 2 feste Maschen in 1 Masche, ab * 6x arbeiten = 30 feste Maschen.

6.–19. Runde: 30 feste Maschen. Arbeit beenden.

Für die kleine Kugel mit Häkelnadel Nr. 3 in Pistazie arbeiten. Die 1.–3. Runde wie beim Stamm häkeln.

4. und 5. Runde: 18 feste Maschen.

6. Runde: * 1 feste Masche, 2 zusammen abgemaschte feste Maschen, ab * 6x arbeiten = 12 feste Maschen. Füllwatte einfüllen.

7. Runde: Stets 2 zusammen abgemaschte feste Maschen = 6 feste Maschen.

8. Runde: Stets 2 zusammen abgemaschte feste Maschen = 3 feste Maschen.

FERTIGSTELLUNG: Füllwatte einfüllen. Kleine Kugel auf den Stamm nähen und den Kaktus in den kleinen Tontopf setzen.

DREIFACHER KAKTUS

Mit Häkelnadel Nr. 3 in Pistazie arbeiten.
Erster Kaktus: Die 1.–4. Runde wie beim Stamm des kleinen Kaktus häkeln.

5.–30. Runde: 24 feste Maschen.

Zweiter Kaktus: Wie den ersten Kaktus, jedoch nur 21 Runden arbeiten.

5.–21. Runde: 24 feste Maschen.

Dritter Kaktus: Mit Häkelnadel Nr. 3 in Pistazie arbeiten Die 1.–3. Runde wie beim Stamm des kleinen Kaktus häkeln

4.–13. Runde: 18 feste Maschen.

Topf: Mit Häkelnadel Nr. 3 in Mokka arbeiten. Die 1.–5. Runde wie beim Stamm des kleinen Kaktus häkeln.

6. Runde: * 4 feste Maschen, 2 feste Maschen in 1 Masche ab * 6x arbeiten = 36 feste Maschen.

7. Runde: * 5 feste Maschen, 2 feste Maschen in 1 Masche ab * 6x arbeiten = 42 feste Maschen.

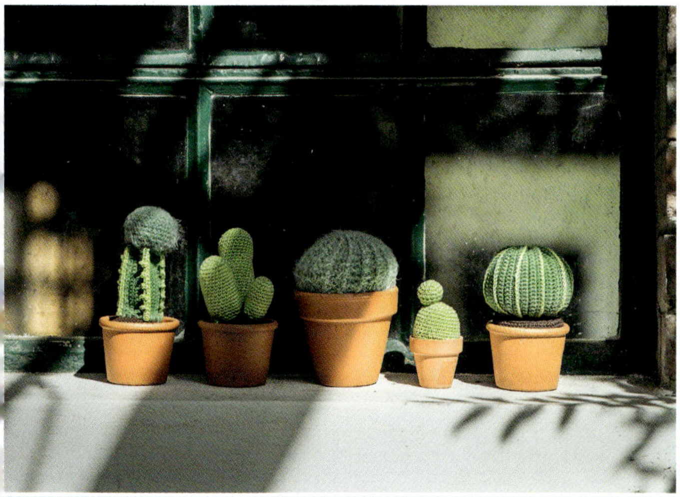

8. Runde: * 6 feste Maschen, 2 feste Maschen in 1 Masche, ab * 6x arbeiten = 48 feste Maschen.

9. Runde: Nur in das hintere Maschenglied arbeiten. 48 feste Maschen.

10.–12. Runde: 48 feste Maschen.

13. Runde: * 6 feste Maschen, 2 zusammen abgemaschte feste Maschen, ab * 6x arbeiten = 42 feste Maschen.

14.–16. Runde: 42 feste Maschen.

17. Runde: * 5 feste Maschen, 2 zusammen abgemaschte feste Maschen, ab * 6x arbeiten = 36 feste Maschen.

18.–20. Runde: 36 feste Maschen.

FERTIGSTELLUNG: Füllwatte in die 3 Kakteen und den Topf einfüllen. Die 3 Kakteen auf den Topf nähen und den Kaktus in den mittleren Tontopf setzen.

SÄULENKAKTUS

Mit Häkelnadel Nr. 3 in Farngrün arbeiten.

Stamm (4x): 19 Luftmaschen und 1 Wendeluftmasche anschlagen und 8 Reihen feste Maschen häkeln.

Kugel: Mit Häkelnadel Nr. 4 in Resedagrün arbeiten. Wie die 1.–6. Runde des Topfs des dreifachen Kaktus häkeln.

7.–10. Runde: 36 feste Maschen.

11. Runde: * 4 feste Maschen, 2 zusammen abgemaschte feste Maschen, ab * 6x arbeiten = 30 feste Maschen. Füllwatte einfüllen.

12. Runde: * 3 feste Maschen, 2 zusammen abgemaschte feste Maschen, ab * 6x arbeiten = 24 feste Maschen.

13. Runde: * 2 feste Maschen, 2 zusammen abgemaschte feste Maschen, ab * 6x arbeiten = 18 feste Maschen.

14. Runde: * 1 feste Masche, 2 zusammen abgemaschte feste Maschen, ab * 6x arbeiten = 12 feste Maschen. Füllwatte einfüllen.

15. Runde: Stets 2 zusammen abgemaschte feste Maschen = 6 feste Maschen.

Topf: Wie beim dreifachen Kaktus häkeln.

FERTIGSTELLUNG: Je 1 Anschlagreihe mit 1 letzten Reihe der 4 Seiten des Stamms wie folgt mit Häkelnadel Nr. 3 in Pistazie zusammenhäkeln:

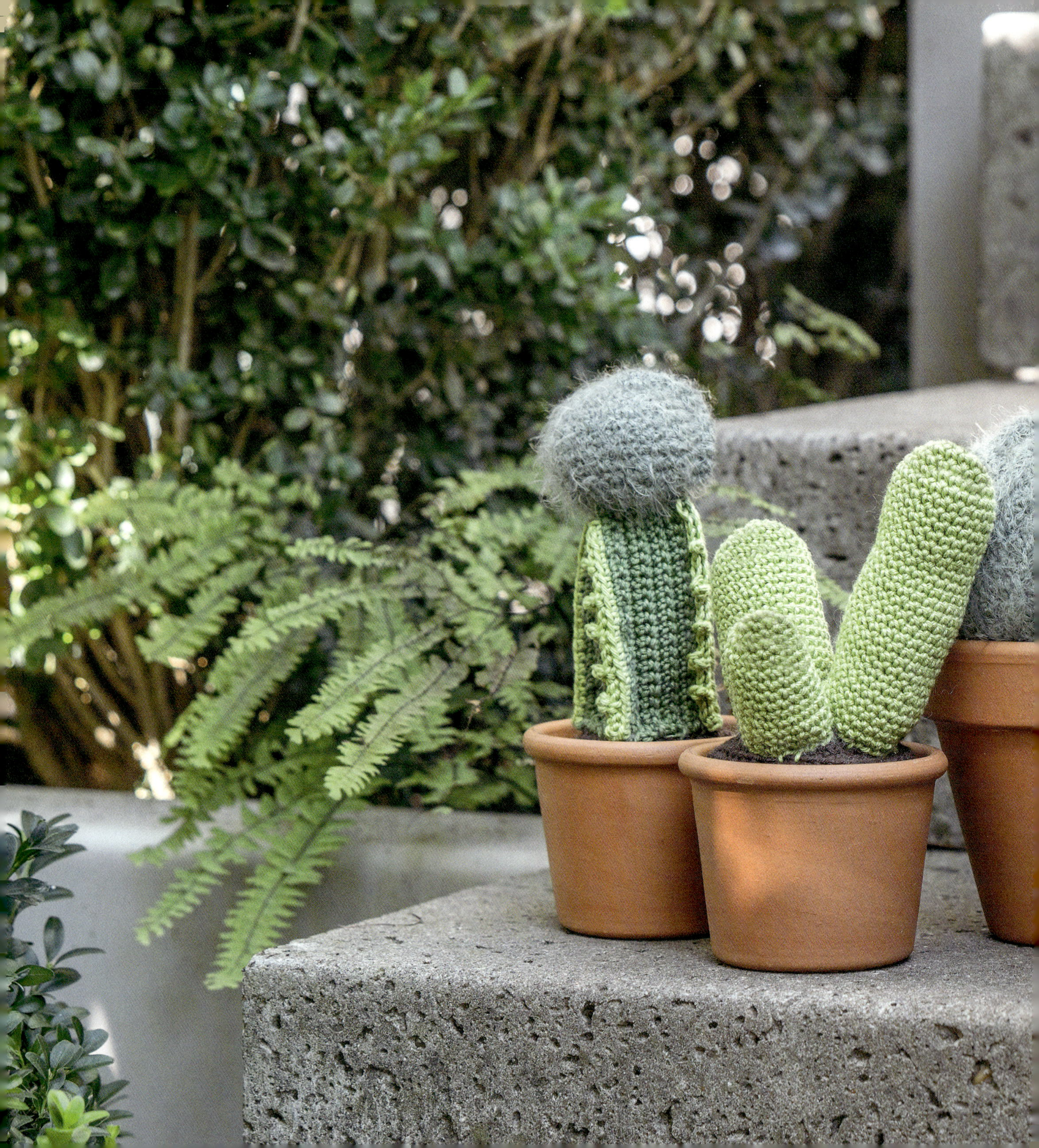

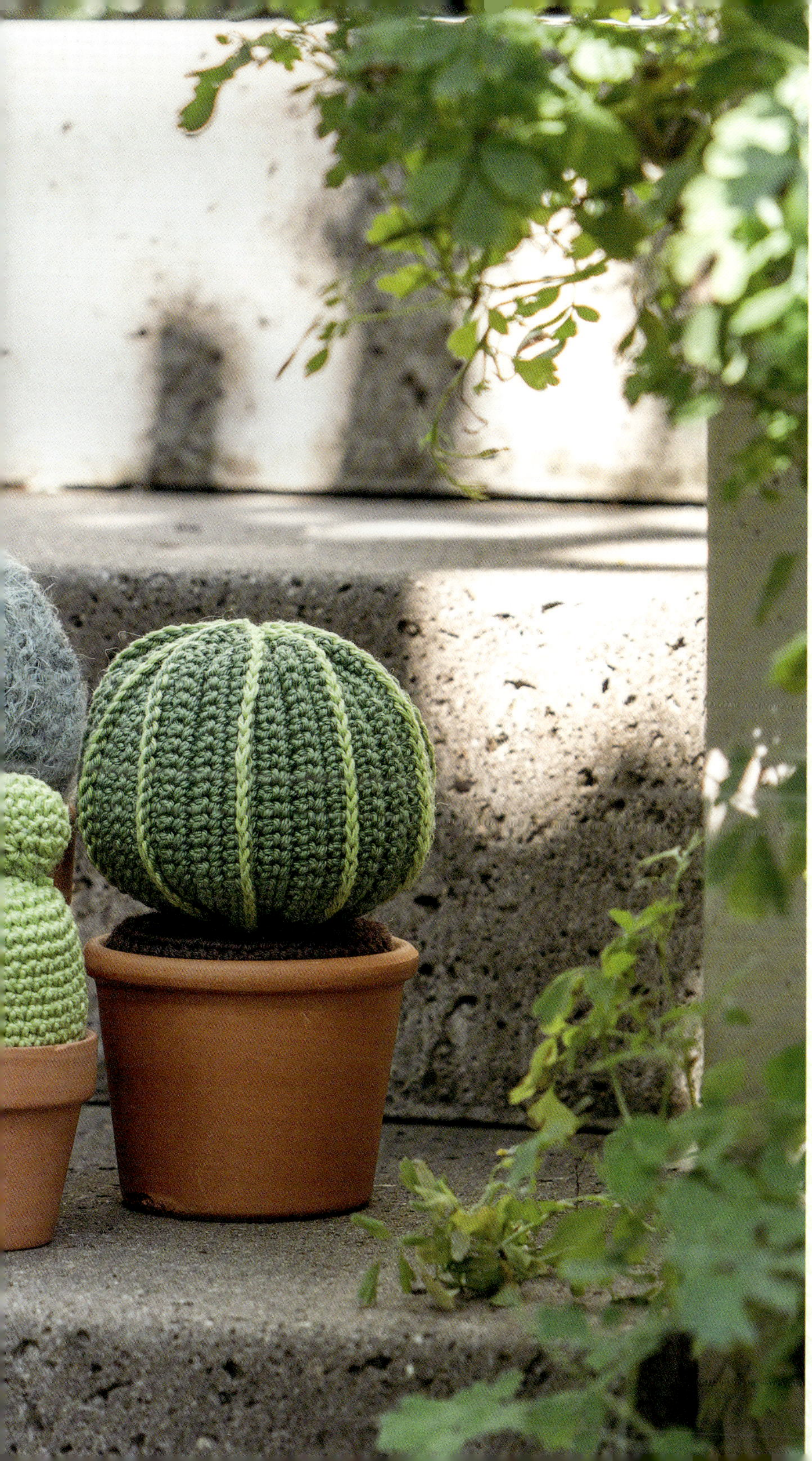

Grün ist nicht alles,
aber ohne Grün
ist alles nichts.

Hans-Hermann Bentrup

1. Reihe: 20 feste Maschen häkeln, dabei jeweils in 1 Anschlagsluftmasche und 1 vorderes Maschenglied der letzten Reihe arbeiten.

2. Reihe: Abwechselnd 3 feste Maschen und 1 Pikot (= 3 Luftmaschen, 1 Kettmasche in die 1. Luftmasche) häkeln, dabei jeweils in das freie Maschenglied der letzten Reihe und das vordere Maschenglied der 1. Reihe arbeiten.
Die Kugel auf den Stamm nähen. Füllwatte in den Stamm und den Topf einfüllen. Den Kaktus auf den Topf nähen und in den mittleren Tontopf setzen.

KLEINER KUGELKAKTUS

Mit Häkelnadel Nr. 3 in Farngrün arbeiten. 29 Luftmaschen + 1 Wendeluftmasche anschlagen.

1.–3. Reihe: 30 feste Maschen.

4. Reihe: Nur in die hinteren Maschenglieder arbeiten, 1 Luftmasche, 30 feste Maschen.

5. und 6. Reihe: 1 Luftmasche, 30 feste Maschen. Die 4.–6. Reihe 22x arbeiten.

Topf: Wie beim dreifachen Kaktus häkeln.

FERTIGSTELLUNG: Auf der Vorderseite jedes freie Maschenglied der 4. Reihe mit 1 Reihe Kettmaschen mit Häkelnadel Nr. 3 in Pistazie umhäkeln. Die Anschlagreihe und letzte Reihe zusammennähen. In einen seitlichen Rand einen Faden einziehen, Rand zusammenziehen, Faden vernähen. Füllwatte einfüllen, anderen Seitenrand zusammennähen. Füllwatte in den Topf einfüllen. Den Kaktus auf den Topf nähen und in den mittleren Tontopf setzen.

GROSSER KUGELKAKTUS

Mit Häkelnadel Nr. 4 in Resedagrün arbeiten. Um einen verstellbaren Fadenring 6 feste Maschen häkeln, mit 1 Kettmasche in die 1. feste Masche zur Runde schließen.

2. Runde: Stets 2 feste Maschen in 1 Masche = 12 feste Maschen.

3. Runde: * 1 feste Masche, 2 feste Maschen in 1 Masche ab * 6x arbeiten = 18 feste Maschen.

4. Runde: 18 Stäbchen.

5. Runde: * 1 halbes Stäbchen + 1 vorn gearbeitetes Reliefstäbchen (= die Nadel von vorn um das senkrechte Glied der Masche der Vorrunde führen), ab * 6x arbeiten = 36 Maschen.

6. Runde: * 1 halbes Stäbchen, 1 vorn gearbeitetes Reliefstäbchen, ab * 18x arbeiten = 36 Maschen.

7. Runde: * 2 halbe Stäbchen in 1 Masche, 1 vorn gearbeitetes Reliefstäbchen, ab * 18x arbeiten = 54 Maschen.

8. und 9. Runde: * 2 halbe Stäbchen, 1 vorn gearbeitetes Reliefstäbchen, ab * 18x arbeiten = 54 Maschen.

10. Runde: * 1 halbes Stäbchen, 2 halbe Stäbchen in 1 Masche, 1 vorn gearbeitetes Reliefstäbchen, ab * 18x arbeiten = 72 Maschen.

11.–14. Runde: * 3 halbe Stäbchen, 1 vorn gearbeitetes Reliefstäbchen, ab * 18x arbeiten = 72 Maschen.

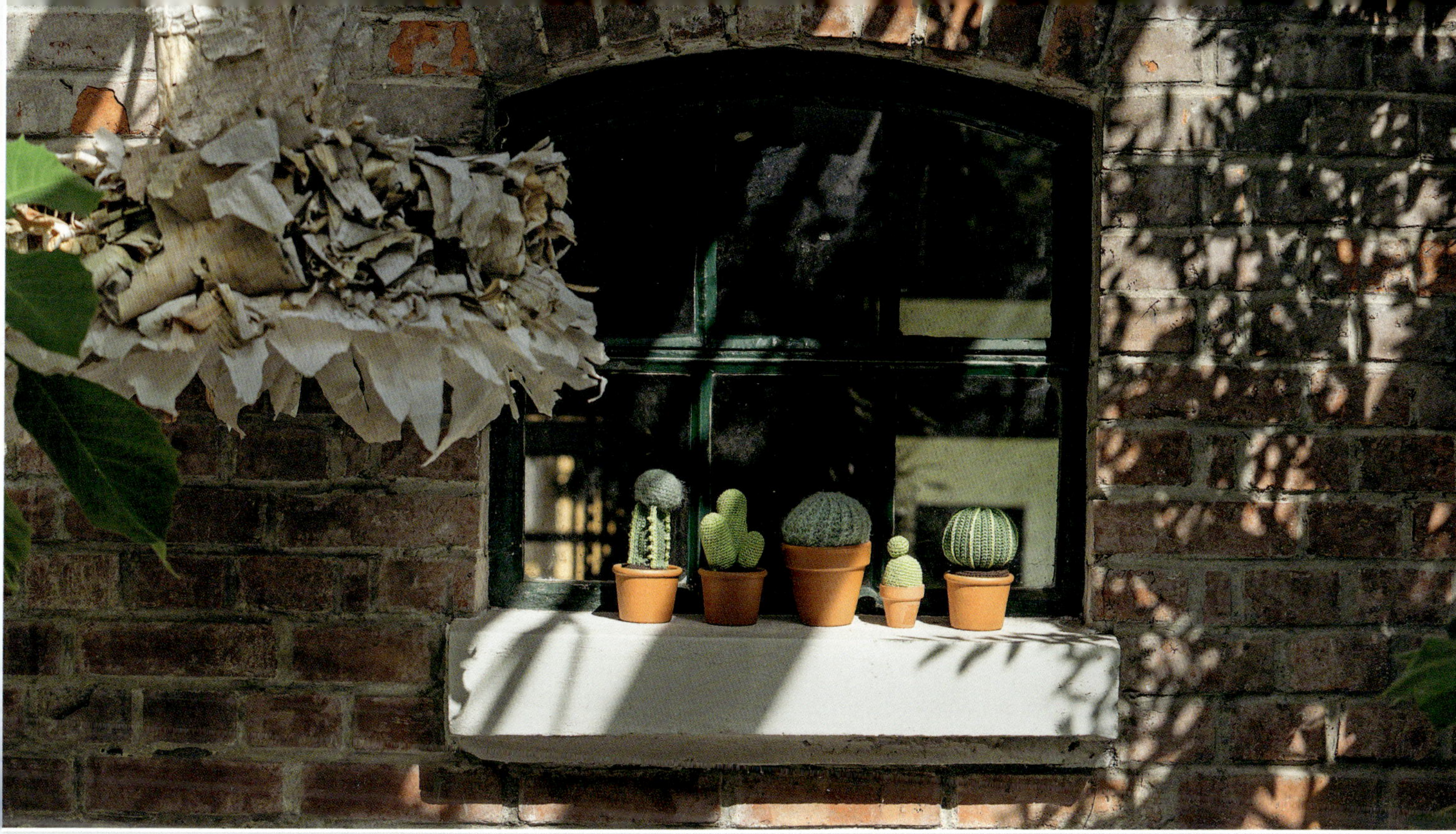

15. Runde: * 1 halbes Stäbchen, 2 zusammen abgemaschte halbe Stäbchen, 1 vorn gearbeitetes Reliefstäbchen, ab * 18x arbeiten = 54 Maschen.

16. und 17. Runde: * 2 halbe Stäbchen, 1 vorn gearbeitetes Reliefstäbchen, ab * 18x arbeiten = 54 Maschen.

18. Runde: * 2 zusammen abgemaschte halbe Stäbchen, 1 vorn gearbeitetes Reliefstäbchen, ab * 18x arbeiten = 36 Maschen. Füllwatte einfüllen.

19. Runde: * 1 halbes Stäbchen, 1 vorn gearbeitetes Reliefstäbchen, ab * 18x arbeiten = 36 Maschen.

20. Runde: * 1 halbes Stäbchen mit 1 vorn gearbeiteten Reliefstäbchen zusammen abmaschen, ab * 18x arbeiten = 18 Maschen.

21. Runde: 18 feste Maschen.

22. Runde: * 1 feste Masche, 2 zusammen abgemaschte feste Maschen, ab * 6x arbeiten = 12 feste Maschen. Füllwatte einfüllen.

23. Runde: Stets 2 zusammen abgemaschte feste Maschen = 6 feste Maschen.

FERTIGSTELLUNG: Den Kaktus in den großen Tontopf setzen.

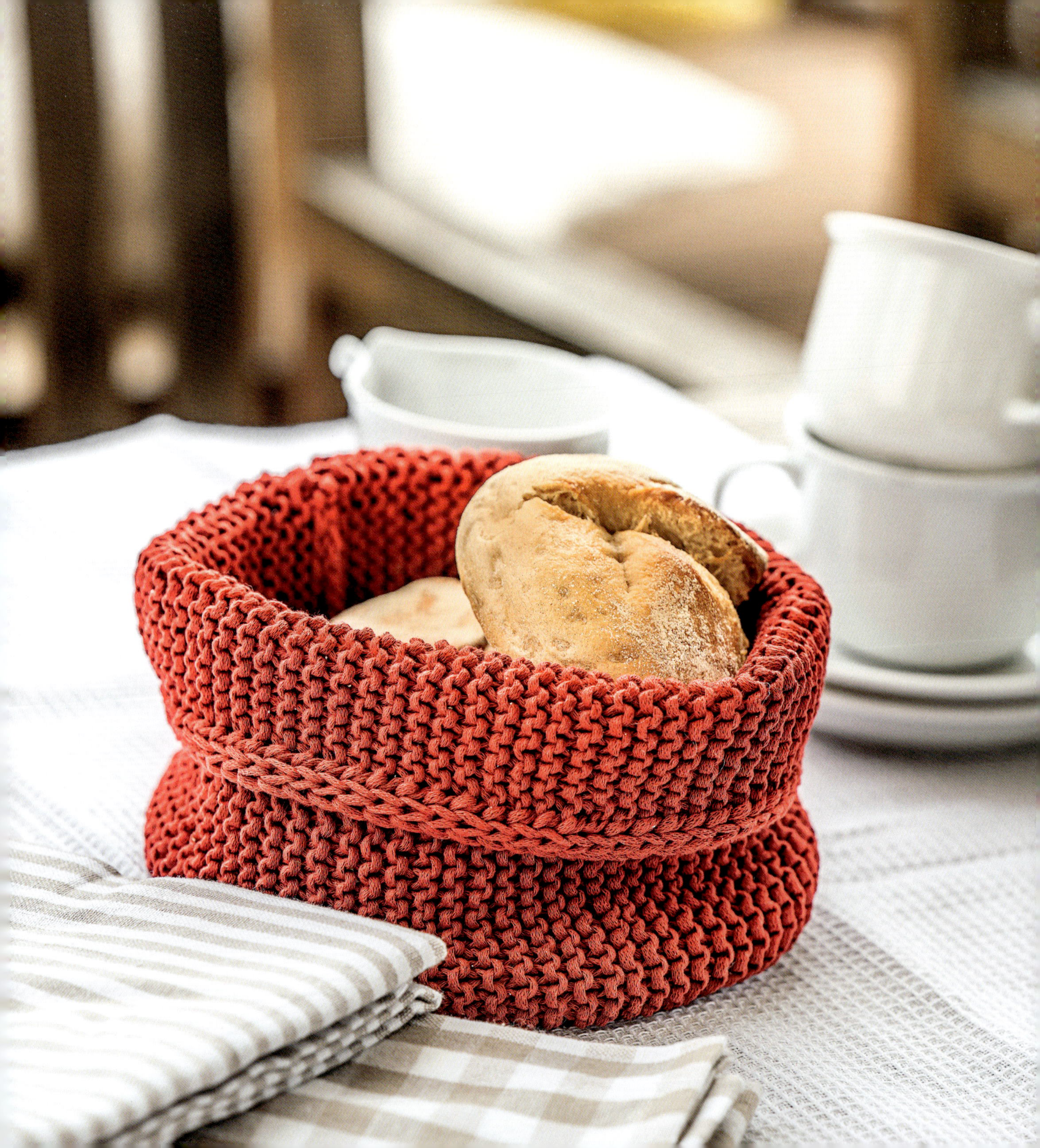

ALLZWECK-KÖRBCHEN

Gestrickt | Größe: Umfang: 52 cm, Höhe (ohne Umschlag): 22 cm | Schwierigkeitsgrad

Eine Tischdeko, die sofort ins Auge fällt. Wolle, Kleinkram und Brötchen sind darin hübsch und ordentlich aufbewahrt.

MATERIAL

- Junghans-Wolle „Bandana" (50 % Baumwolle, 50 % Polyester, Lauflänge 90 m/50 g): 100 g in Rot
- Stricknadeln Nr. 7

MUSTER

Kraus rechts: Hin- und Rückreihen rechte Maschen stricken.

Patentrand: Am Reihenende 3 Maschen rechts stricken, am folgenden Reihenanfang diese 3 Maschen wie zum Linksstricken abheben und den Faden davor weiterführen. Nach der folgenden gestrickten Masche den Faden fest anziehen, damit sich die Patentmaschen rund um den Rand legen.

MASCHENPROBE

Kraus rechts: 17,5 Maschen und 28 Reihen = 10 x 10 cm

SO WIRD'S GEMACHT

KORB

40 Maschen anschlagen und kraus rechts stricken, dabei am Reihenende den Patentrand arbeiten. Nach 52 cm Gesamthöhe alle Maschen abketten.

FERTIGSTELLUNG: Die Naht schließen (= Anfangsreihe an die Abkettreihe nähen), dabei an der Seite des Patentrands die ersten ca. 6 cm nach außen schließen. Durch die Randmaschen an der anderen Seite einen Faden fädeln, dabei nur in jede 4. Reihe einstechen, und die Maschen mit dem Faden fest zusammenziehen. Den Faden gut vernähen.

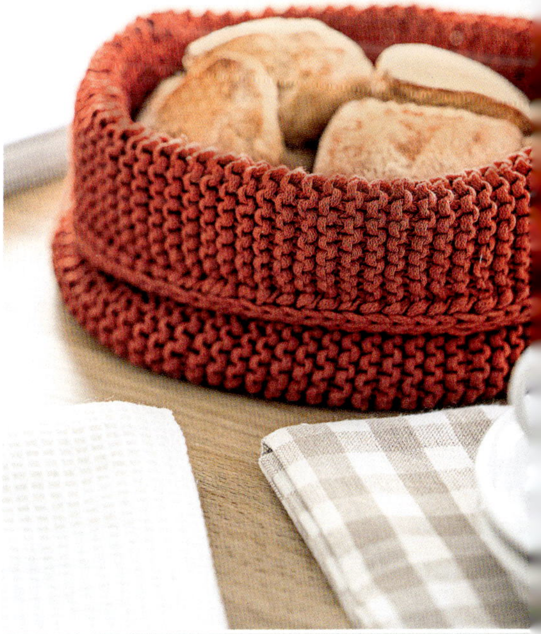

TEPPICH FÜR DRAUSSEN

Gehäkelt | Größe: 95 x 125 cm | Schwierigkeitsgrad ● bis ●●

Der Teppich aus pflegeleichtem Garn passt besonders gut zu modernen Terrassenmöbeln.

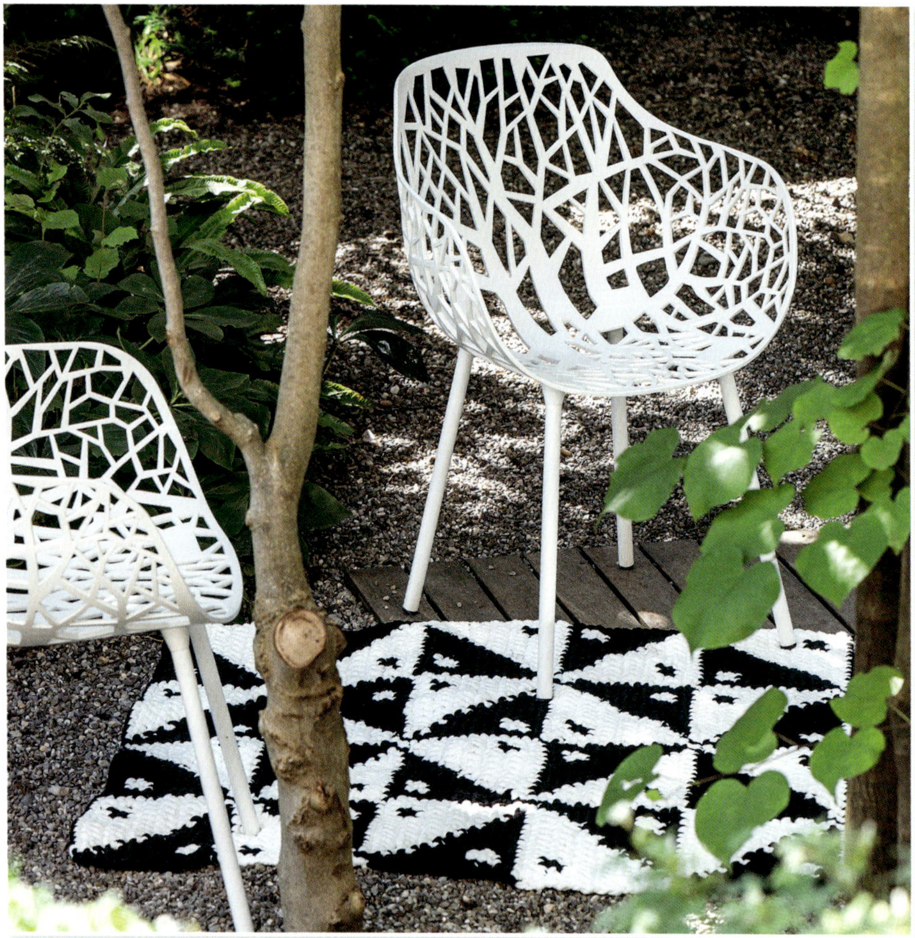

MATERIAL

- Bändersalat „Bändersalat fresh" (100 % Polyamid): je 1200 g in Schwarz und Weiß
- Häkelnadel Nr. 12

MUSTER

Feste Maschen: Jede Reihe mit 1 Wendeluftmasche beginnen.

Jacquardmuster: Laut Häkelschrift arbeiten. Den MS = Mustersatz von 30 Maschen 2x arbeiten. Beim Farbwechsel das Abmaschen der letzten Masche immer schon mit der neuen Farbe arbeiten. Die 1.–28. Reihe 3x häkeln. 1 Kästchen = 1 feste Masche.

MASCHENPROBE

Ca. 6,5 Maschen und 6,5 Reihen = 10 x 10 cm

HINWEIS

Das Garn ist ein Abfallprodukt der Automobilindustrie und ist nicht immer gleichmäßig dick, daher schwankt die Maschenprobe.

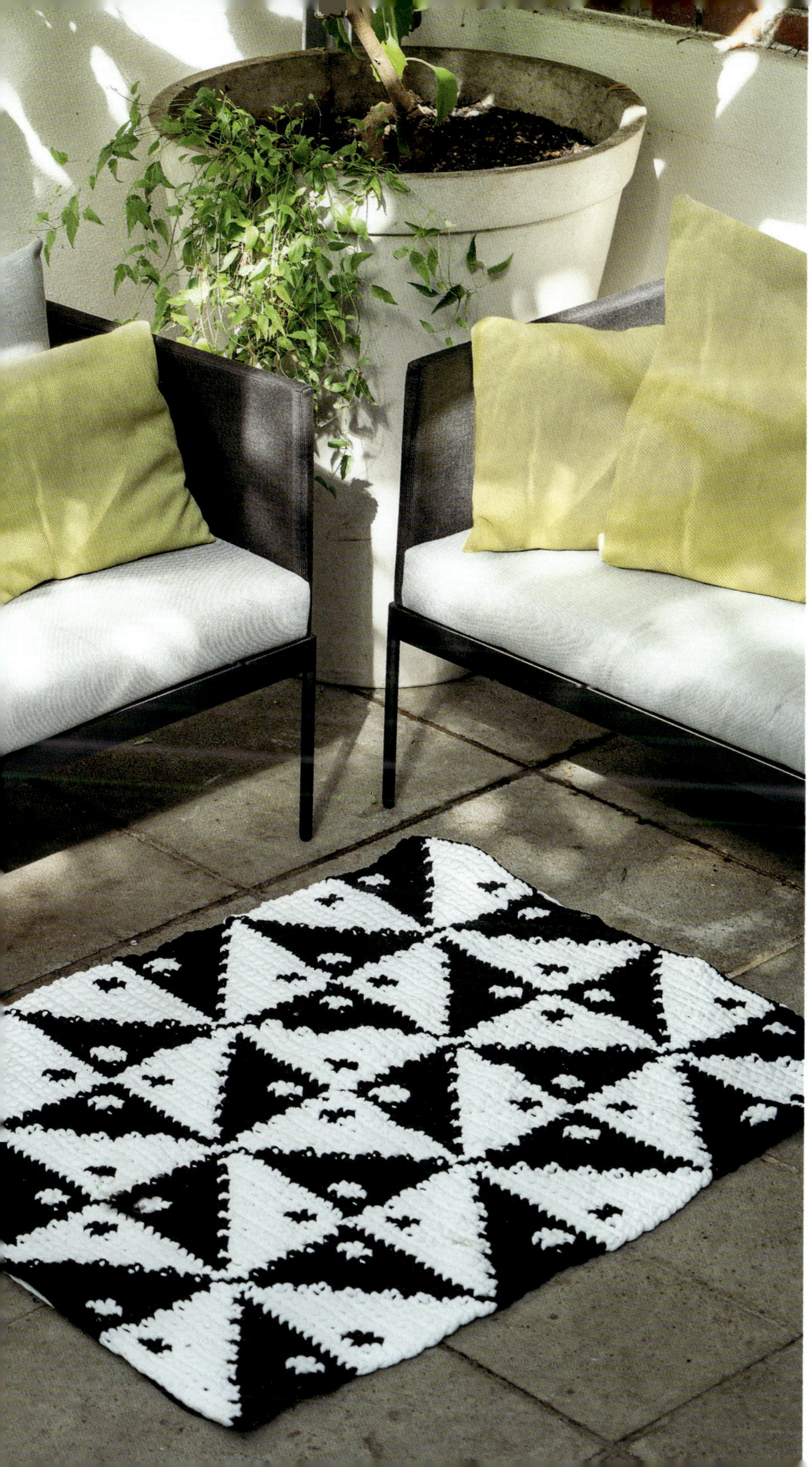

SO WIRD'S GEMACHT

60 Luftmaschen in Schwarz anschlagen und 84 Reihen im Jacquardmuster arbeiten.

Häkelschrift Jacquardmuster

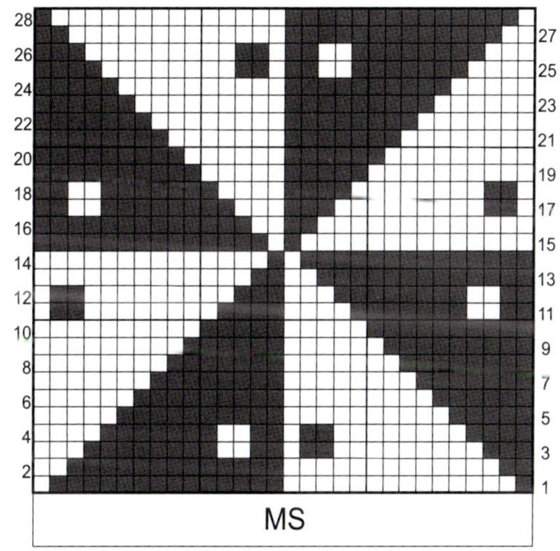

Zeichenerklärung

☐ = Weiß

■ = Schwarz

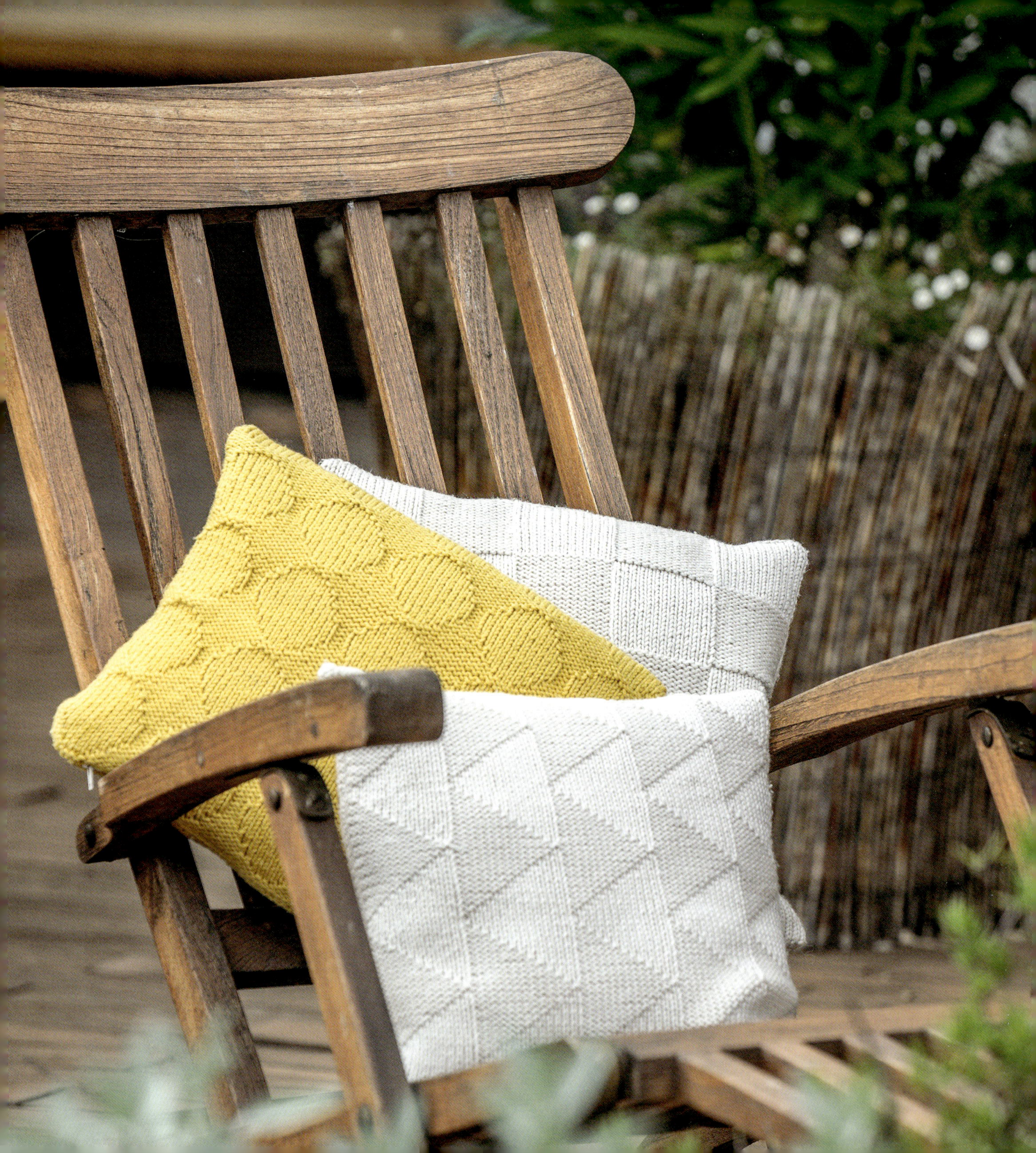

GRAFISCHES KISSEN-TRIO

Gestrickt | Größe: 38,5 x 38,5 cm (Karomuster), 38,5 x 35 cm (Dreiecks- und Kreismuster)
Schwierigkeitsgrad ●●

Straight und hyggelig: Greifen Sie für ein einzelnes Kissen eine Farbe auf, die in Ihrem Wohnzimmer noch einmal vorkommt.

MATERIAL

- Lana Grossa „Bingo" (100 % Schurwolle, Lauflänge 80 m/50 g): 400 g in Rohweiß und 200 g in Safrangelb
- Stricknadeln Nr. 4,5
- 3 Reißverschlüsse, 30 cm lang
- 3 Kissen-Inletts, 40 x 40 cm

MUSTER

Glatt rechts: Hinreihen rechts, Rückreihen links stricken; in Runden stets rechts stricken.
Glatt links: Hinreihen links, Rückreihen rechts stricken.
Karomuster: Maschenzahl teilbar durch 26 + 13 + 2 Randmaschen.
1.–20. Reihe: Zwischen den Randmaschen abwechselnd 13 Maschen glatt rechts und 13 Maschen glatt links stricken.
21.–40. Reihe: Zwischen den Randmaschen abwechselnd 13 Maschen glatt links und 13 Maschen glatt rechts stricken.
Die 1.–40 Reihe stets wiederholen.
Dreieckmuster: Maschenzahl teilbar durch 13 + 2 Randmaschen. Nach der Strickschrift arbeiten. Es sind Hin- und Rückreihen gezeichnet. Mit der Masche vor dem MS = Mustersatz beginnen, den Mustersatz stets wiederholen und mit der Masche nach dem Mustersatz enden.
Die 1.–26. Reihe stets wiederholen.
Kreismuster: Maschenzahl teilbar durch 13 + 2 Randmaschen. Nach der Strickschrift stricken. Es sind Hin- und Rückreihe gezeichnet. Mit der Masche vor dem MS = Mustersatz beginnen, den Mustersatz stets wiederholen und mit der Masche nach dem Mustersatz enden.
Die 1.–20. Reihe stets wiederholen.

MASCHENPROBE

Karo-, Dreieck- und Kreismuster: 17 Maschen und 26 Reihen = 10 x 10 cm

Ruhe, Stille, Sofa
und eine Tasse Tee
geht über alles.

Theodor Fontane

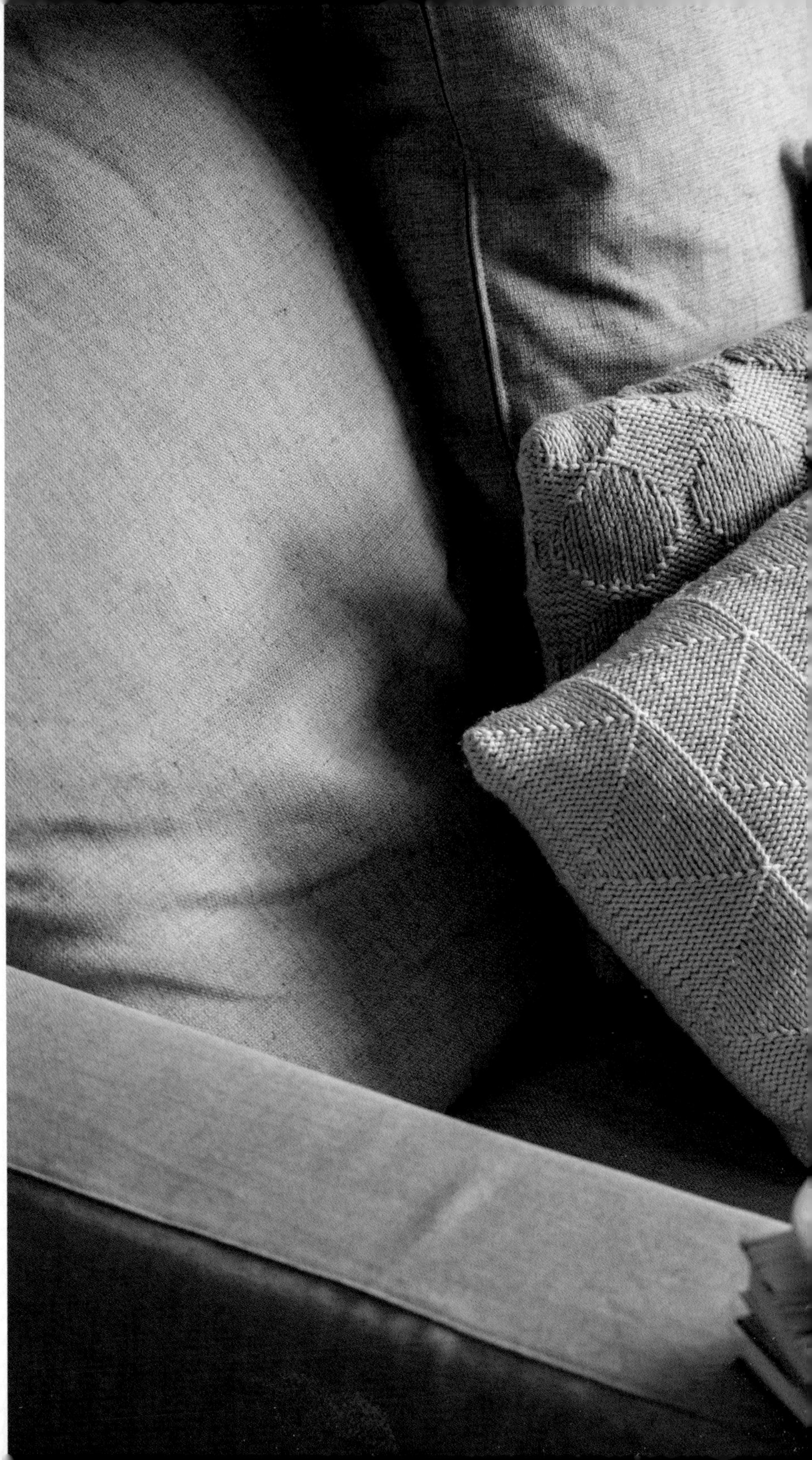

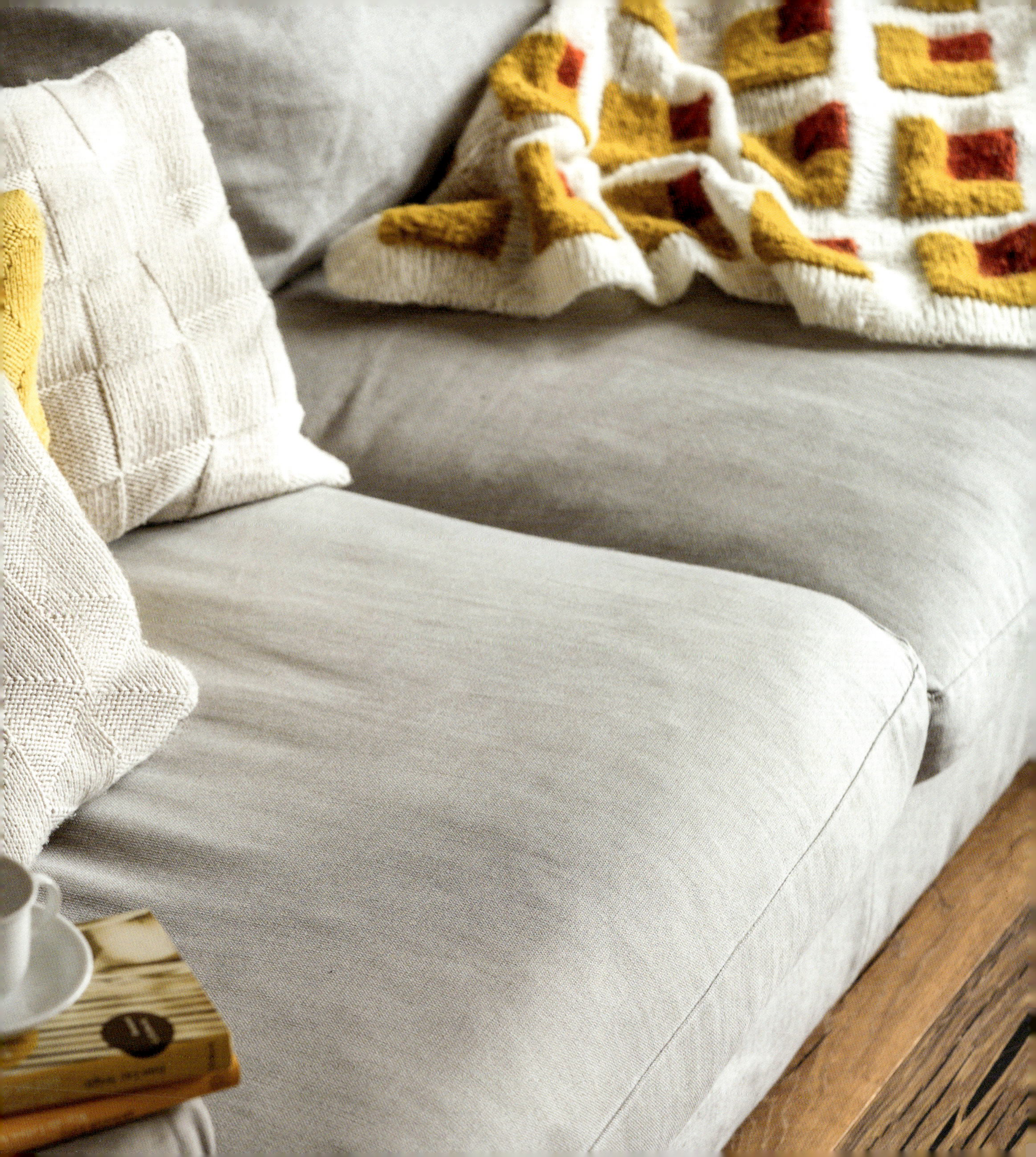

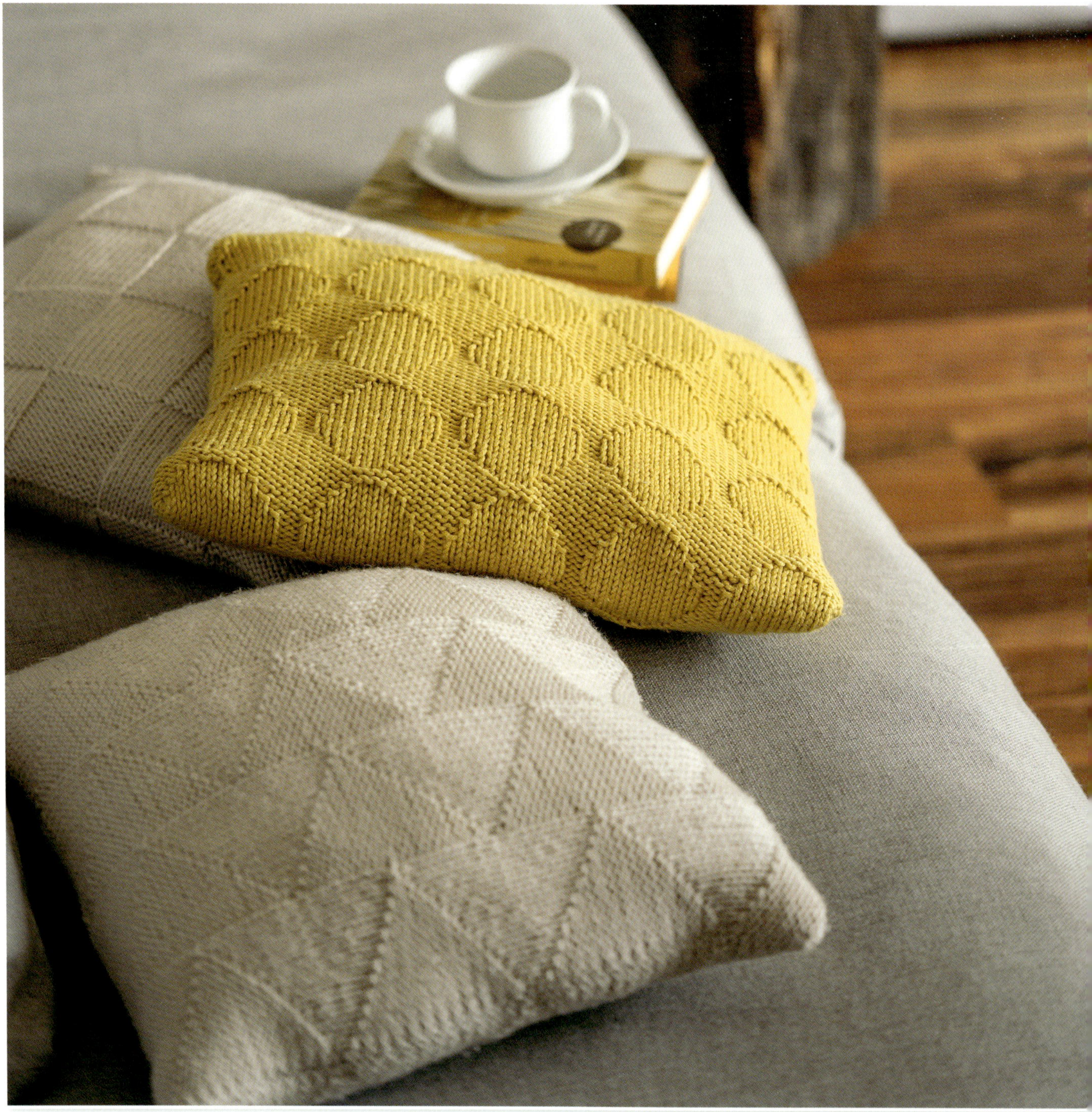

SO WIRD'S GEMACHT

KISSEN MIT KAROS

57 Maschen in Rohweiß anschlagen und im Karomuster stricken. Nach 77 cm = 200 Reihen ab Anschlag alle Maschen abketten.

KISSEN MIT DREIECKEN

57 Maschen in Rohweiß anschlagen. 1 Rückreihe rechte Maschen, dann im Dreiecksmuster stricken. Nach 7 Höhenrapporten des Dreiecksmusters noch 1 Hinreihe linke Maschen stricken, danach = nach 70 cm ab Anschlag alle Maschen abketten.

KISSEN MIT KREISEN

57 Maschen in Safrangelb anschlagen. 1 Rückreihe rechte Maschen, dann im Kreismuster stricken. Nach 9 Höhenrapporten des Kreismusters noch eine Hinreihe linke Maschen stricken, danach = nach 70 cm ab Anschlag alle Maschen abketten.

FERTIGSTELLUNG: Die Kissen quer mittig zusammenlegen und die Seiten schließen. An der noch offenen Kante beidseitig noch so weit schließen, dass der Reißverschluss dazwischenpasst. Den Reißverschluss in die Öffnung nähen. Das Inlett in die Kissenhülle schieben und den Reißverschluss schließen.

Dreiecksmuster

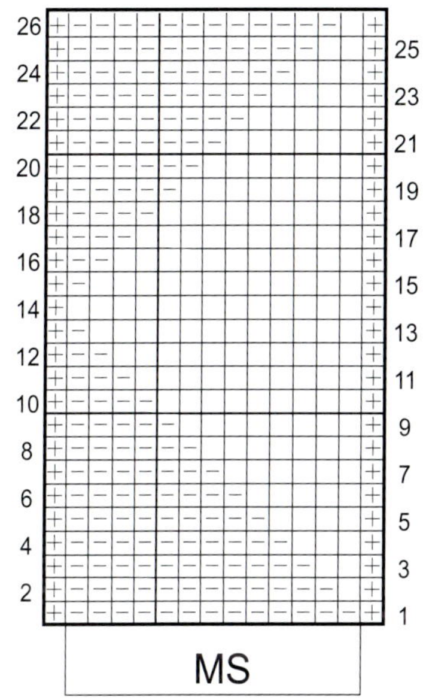

Kreismuster

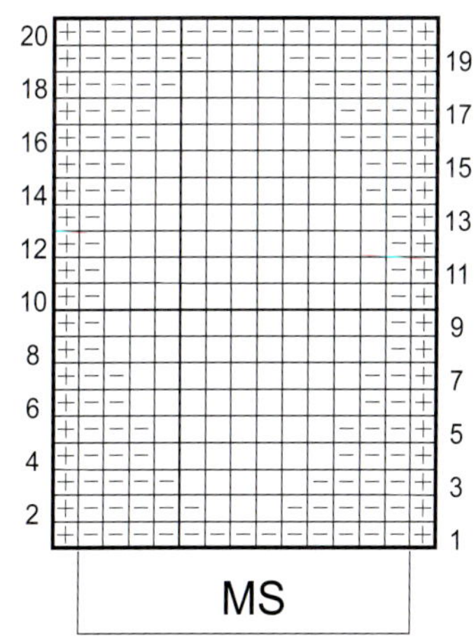

Zeichenerklärung

⊞ = 1 Randmasche

☐ = 1 Masche glatt rechts

⊟ = 1 Masche glatt links

LEICHTE WOLLDECKE

Gestrickt | Größe: 122 x 150 cm, 112 x 140 ohne Blende | Schwierigkeitsgrad

Zum Einlümmeln auf dem Sofa oder als Schulterwärmer auf dem Balkon bei kühlen Abendtemperaturen, dabei superleicht und kuschelig.

MATERIAL

- Lang Yarns „Alpaca superlight" (54 % Alpaka, 24 % Polyamid, 22 % Wolle, Lauflänge 199 m/25 g): 150 g in Natur und „Malou light" (72 % Alpaka, 16 % Polyamid, 12 % Wolle, Lauflänge 190 m/50 g): 200 g in Senf und 50 g in Weinrot
- Stricknadeln Nr. 4
- Rundstricknadel Nr. 4, 80–100 cm lang

MUSTER

Glatt rechts: Hinreihen rechts, Rückreihen links stricken.
Glatt links: Hinreihen links, Rückreihen rechts stricken.

MUSTER- UND FARBFOLGEN

Muster- und Farbfolge A: 14 Reihen glatt rechts in Natur (die Auffassreihe zählt als 1. Reihe) stricken, 20 Reihen glatt links in Senf stricken, dabei die 1. Reihe für einen exakten Farbübergang rechts stricken, 9 Reihen glatt rechts in Weinrot stricken = 43 Reihen.

Muster- und Farbfolge B: Wie die Muster- und Farbfolge A stricken, jedoch 18 Reihen in Senf und 11 Reihen in Weinrot arbeiten.

Muster- und Farbfolge C: Wie die Muster- und Farbfolge A stricken, jedoch 16 Reihen in Senf und 13 Reihen in Weinrot arbeiten.

Muster- und Farbfolge D: Wie die Muster- und Farbfolge A stricken, jedoch 14 Reihen in Senf und 15 Reihen in Weinrot arbeiten.

Muster- und Farbfolge E: Wie die Muster- und Farbfolge A stricken, jedoch 12 Reihen in Senf und 17 Reihen in Weinrot arbeiten.

MASCHENPROBE

1 Quadrat = 14 x 14 cm

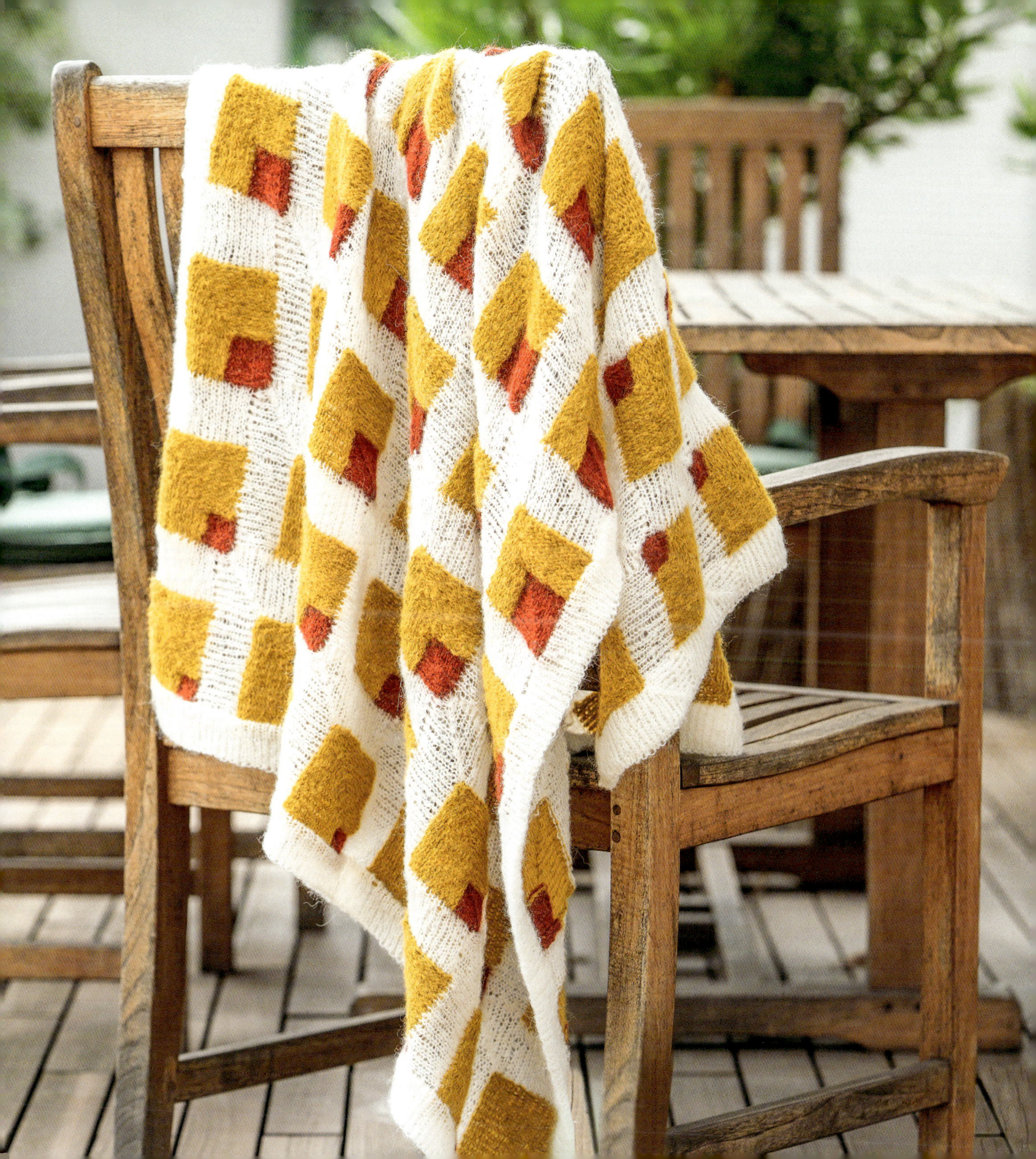

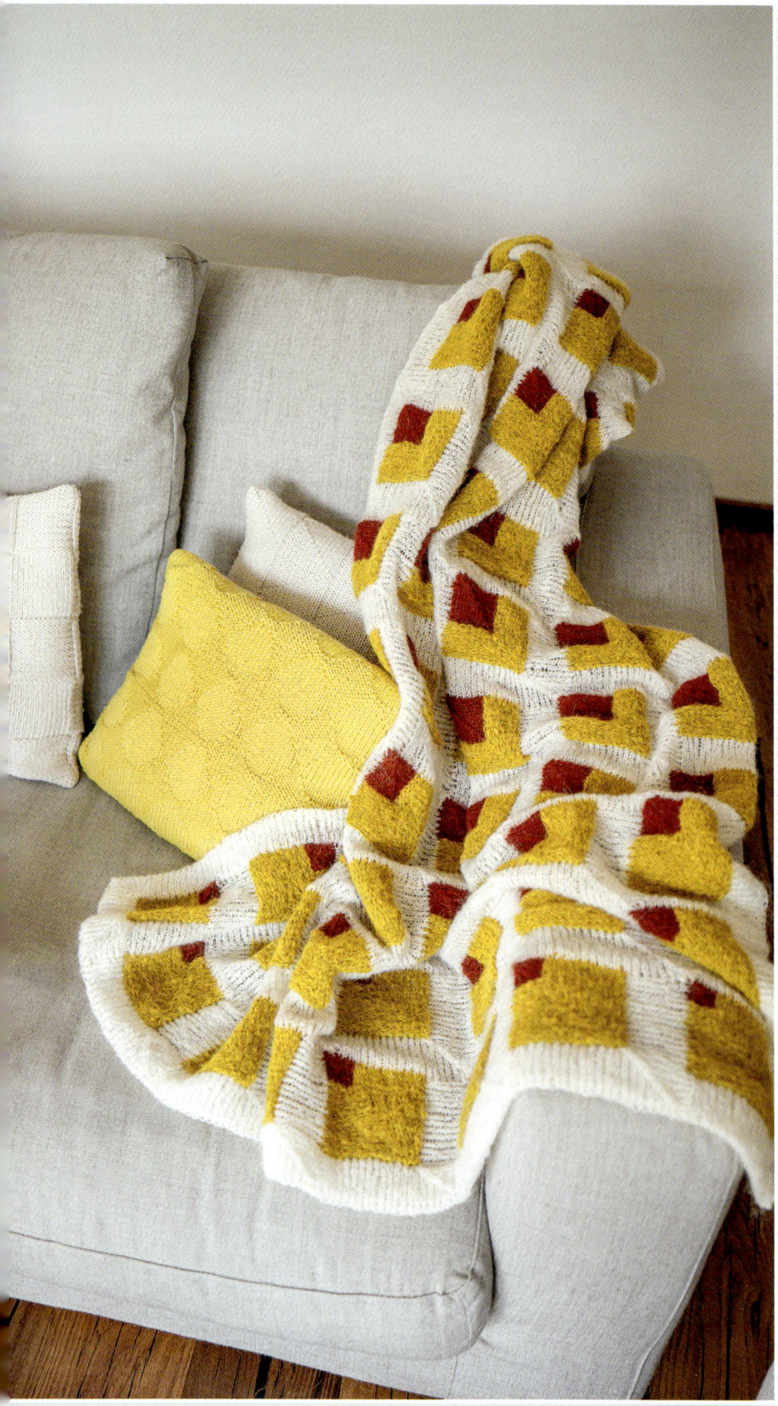

SO WIRD'S GEMACHT

Für die Zusammensetzung bzw. Reihenfolge der Quadratreihen die Schemazeichnung beachten.

Quadratreihe A: Für das erste Quadrat A 43 Maschen in Natur anschlagen und in der Muster- und Farbfolge A stricken. Zur Formgebung in der 3. Reihe und jeder folgenden Hinreihe die mittleren 3 Maschen rechts zusammenstricken bzw. bei linken Reihen links zusammenstricken, bis in der letzten Hinreihe die letzten 3 Maschen zusammengestrickt sind. Faden abschneiden und durchziehen. Für das zweite Quadrat A aus dem linken Rand des 1. Quadrats A (in der zweitletzten weinroten Reihe beginnen, die 3 Spitzen-Maschen auslassen) in Natur 21 Maschen auffassen und 22 Maschen dazu anschlagen = 43 Maschen. Nun wie das ersten Quadrat A stricken. Die weiteren 6 Quadrate A dieser Quadratreihe wie das 2. Quadrat A arbeiten.

Quadratreihe B: Für das erste Quadrat B 22 Maschen in Natur anschlagen und aus dem oberen Rand des 1. Quadrats A (an der naturfarbenen Fläche beginnen) 21 Maschen auffassen = 43 Maschen. Nun wie das erste Quadrat A stricken, jedoch laut Muster- und Farbfolge B. Für das zweite Quadrat B in Natur wie folgt Maschen auffassen: 21 Maschen aus dem linken Rand des ersten Quadrats B, aus der weinroten Spitze des ersten Quadrats A 1 Masche und 21 Maschen aus dem oberen Rand des zweiten Quadrats A = 43 Maschen. Nun wie das erste Quadrat B stricken. Die weiteren 6 Quadrate B dieser Quadratreihe wie das 2. Quadrat B arbeiten.

Quadratreihe C, D, E: Wie die Quadratreihe B arbeiten, jedoch nach den entsprechenden Muster- und Farbfolgen.

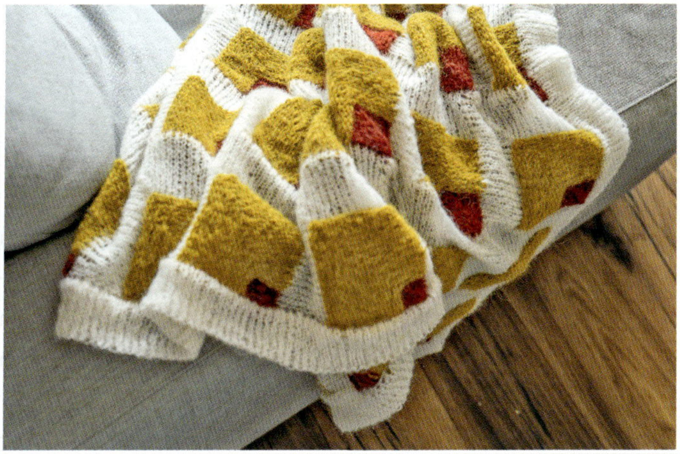

FERTIGSTELLUNG: Für den ersten Teil der Blende in Natur aus dem oberen Rand der Decke (letzte Quadratreihe) 168 Maschen (= aus jedem Quadrat 21 Maschen), aus der Ecke 1 Masche und aus dem linken Rand der Decke (die letzten Quadrate jeder Quadratreihe) 210 Maschen (= aus jedem Quadrat 21 Maschen) auffassen = 379 Maschen.

Die zweite, die Eckmasche und zweitletzte Masche markieren (= 3 Eckmaschen). 15 Reihen glatt rechts stricken (die Auffassreihe zählt als 1. Reihe), dabei ab der 3. Reihe in jeder Hinreihe vor und nach den markierten Maschen je 1 Masche aus dem Querfaden rechts verschränkt herausstricken = 421 Maschen. Achtung: Zwischen den Randmaschen und den äußeren markierten Maschen gibt es in jeder Hinreihe 1 Masche mehr. Nun 1 Rückreihe rechte Maschen stricken (= Umbruch) und weitere 14 Reihen glatt rechts arbeiten, dabei in jeder Hinreihe die markierten Maschen jeweils mit der Masche davor und danach rechts zusammenstricken = 379 Maschen. Danach alle Maschen stilllegen.

Für den zweiten Teil der Blende aus dem übrigen naturfarbenen Rand ebenfalls 379 Maschen auffassen: 168 Maschen aus der ersten Quadratreihe, 1 Masche aus der Ecke und 210 Maschen aus den ersten Quadraten jeder Quadratreihe = 379 Maschen. Die Eckmasche markieren. Nun 1 Rückreihe rechts (= Umbruch) und 14 Reihen glatt rechts stricken, dabei ab der 1. Hinreihe insgesamt 7x in jeder Hinreihe die Eckmasche mit der Masche davor und danach rechts zusammenstricken = 365 Maschen. Alle Maschen stilllegen.

Die Naht zwischen den beiden angestrickten Blenden schließen. Die ganze Blende am Umbruch nach hinten umlegen und die stillgelegten Maschen annähen.

Schemazeichnung

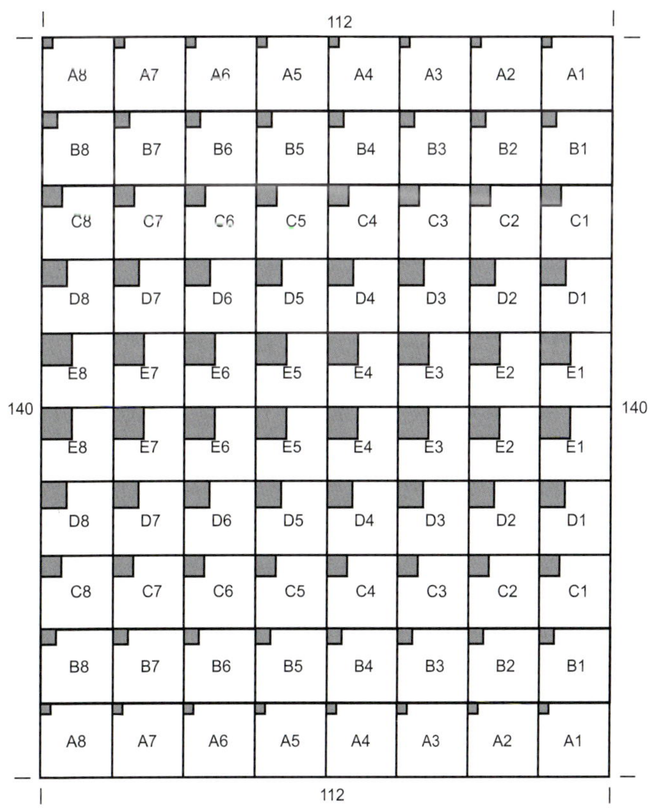

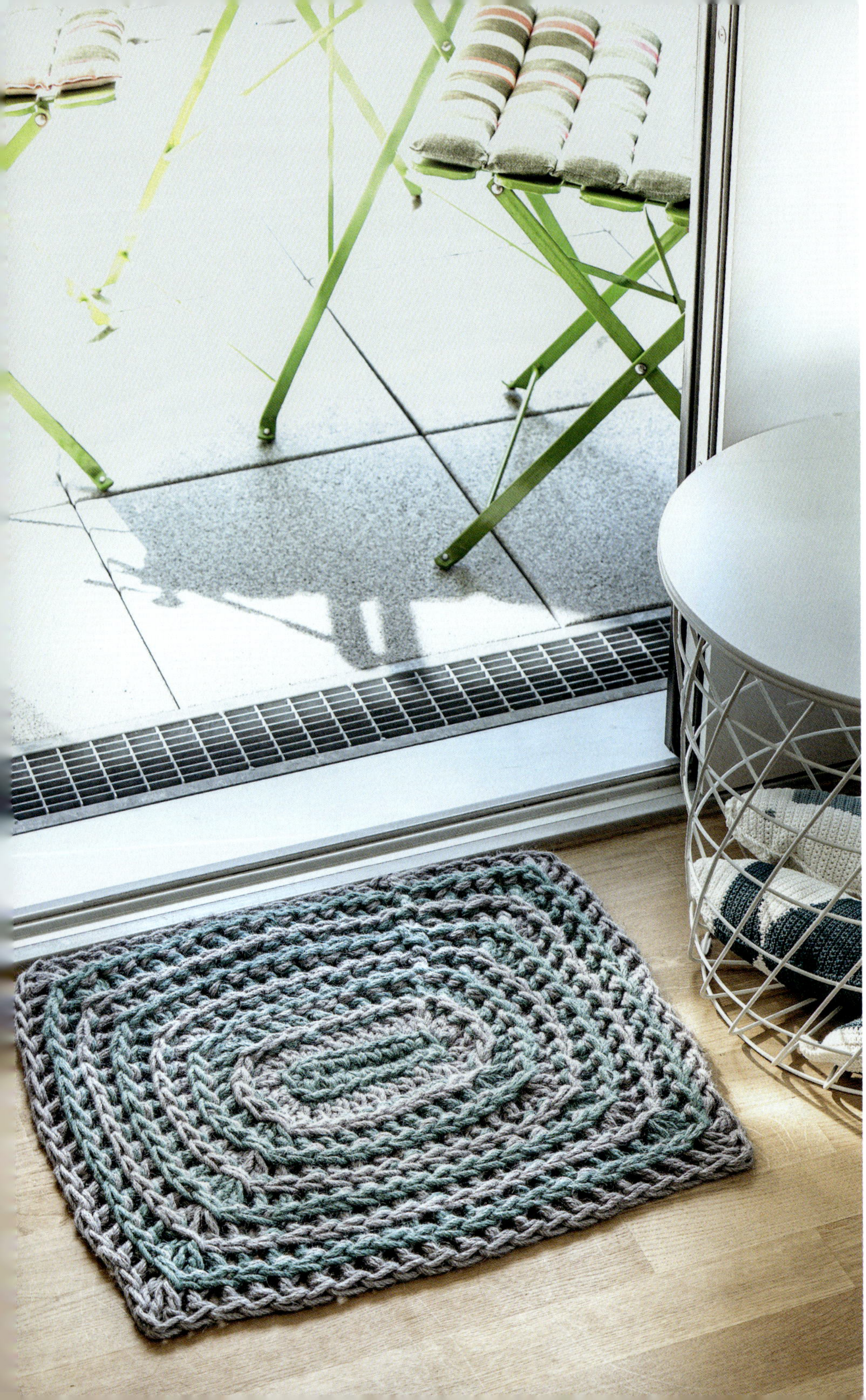

MATERIAL

- Hooked „Natural Jute“ (100 % Jute, Lauflänge 45 m/Knäuel): je 2 Knäuel in Grey Mist und Lush Petrol
- Häkelnadeln Nr. 12
- 1 Brett, mindestens 55 x 48 cm groß
- kleine Nägel
- 1 Hammer

MUSTER

Feste Maschen: Die erste feste Masche einer Runde durch 2 Luftmaschen ersetzen.

Stäbchen: Das erste Stäbchen einer Runde stets durch 3 Luftmaschen ersetzen.

Streifenfolge: 1 Runde in Lushy Petrol und 1 Runde Grey Mist im Wechsel arbeiten.

MASCHENPROBE

Häkelmuster: 5 Maschen und 5 Runden = 10 x 14 cm

ROBUSTE FUSSMATTE

Gehäkelt | Größe: 54 x 47 cm | Schwierigkeitsgrad ●●

Eigentlich viel zu schön, um sich darauf die Füße abzutreten. Aber sie hält was aus: einfach abklopfen, wenn der Schmutz trocken ist.

SO WIRD'S GEMACHT

9 Luftmaschen + 2 Ersatzluftmaschen (= 1. feste Masche) in Lush Petrol anschlagen. Jede Runde mit 1 Kettmasche in die oberste Ersatzluftmasche schließen, dabei von hinten in die Masche einstechen. Tipp: Soll die Matte breiter als 54 cm werden, entsprechend mehr Maschen anschlagen. 1 Anschlagmasche mehr ergibt 2 cm.

1. Runde in Lushy Petrol: 8 feste Maschen, dabei in der 4. Masche beginnen, 3 feste Maschen in die letzte Luftmasche, dann auf der anderen Seite des Luftmaschenanschlags 7 feste Maschen und in die letzte Luftmasche 2 feste Maschen = 20 Maschen.

2. Runde in Grey Mist: Die Stäbchen dieser Runde stets in das hintere Maschenglied häkeln. 3 Luftmaschen (= 1. Stäbchen), 1 Stäbchen in die oberste Ersatzluftmasche der Vorrunde, 7 Stäbchen, 3 Stäbchen in die folgende Masche, 2 Stäbchen in die nächste Masche, 3 Stäbchen in die folgende Masche, 7 Stäbchen, 3 Stäbchen in die folgende Masche, 2 Stäbchen in die nächste Masche, 1 Stäbchen in die oberste Ersatzluftmasche der Vorrunde = 30 Maschen.

3. Runde in Lushy Petrol: 3 Luftmaschen (= 1. Stäbchen), 1 Stäbchen in die oberste Ersatzluftmasche der Vorrunde, weiter Stäbchen häkeln wie folgt, dabei in die Eckmaschen (= die mittlere der 3 in eine Masche gehäkelten Stäbchen) stets 3 Stäbchen arbeiten = 38 Maschen.

Für die Stäbchen wie folgt in die Maschen der Vorrunde einstechen: Von hinten nach vorn in beide Maschenglieder ausstechen, um die folgende Masche greifen und von vorn nach hinten in beide Maschenglieder der folgenden Masche einstechen, Faden holen und durchziehen, dann das Stäbchen wie gewohnt fertighäkeln.

Die 3. Runde noch 5x arbeiten, dabei die Streifenfolge fortsetzen. Die Maschenzahl erhöht sich in jeder Runde. Zwischendurch das ganze Teil immer mal wieder in Form ziehen.

FERTIGSTELLUNG: Die Fußmatte unbedingt spannen. Dafür die Matte in Form ziehen und auf ein Brett nageln (Stecknadeln sind zu schwach), dabei gut spannen. Gut mit Wasser besprühen und trocknen lassen.

RETRO-TISCHLÄUFER

Gestrickt | Größe: 38 x 77 cm | Schwierigkeitsgrad

Der Tischläufer im Vintage-Stil bringt eine heimelige Landhaus-Atmosphäre in Ihre vier Wände. Auch Gartentische sehen damit gleich viel einladender aus.

MATERIAL

- Lana Grossa „Capri" (55 % Baumwolle, 30 % Polyacryl, 15 % Seide, Lauflänge 150 m/50 g): 150 g in Sandgelb, 50 g in Steingrau und 50 g in Zitrusgelb
- Stricknadeln Nr. 3,5
- Rundstricknadel Nr. 3,5, 80–100 cm lang

MUSTER

Kraus rechts: In Runden abwechselnd 1 Runde rechts und 1 Runde links stricken.

Ajourmuster: Maschenzahl teilbar durch 14 + 13 + 2 Randmaschen. Laut Strickschrift arbeiten. Es sind die Hin- und Rückreihen gezeichnet. Mit der Masche vor dem MS = Mustersatz beginnen, den Mustersatz stets wiederholen und mit den ersten 13 Maschen des Mustersatzes und 1 Randmasche enden. Die 1.–20. Reihe 12x arbeiten, dann noch 1x die 1. und 2. Reihe stricken = 242 Reihen.

Farbfolge Umrandung: 4 Runden Zitrusgelb, 10 Runden Steingrau.

MASCHENPROBE

Ajourmuster: 25 Maschen und 33,5 Reihen = 10 x 10 cm

Kraus rechts: 25 Maschen und 14 Runden = 10 x 2,5 cm

SO WIRD'S GEMACHT

MITTELTEIL

85 Maschen in Sandgelb anschlagen und im Ajourmuster stricken. Nach 72 cm = 242 Reihen ab Anschlag alle Maschen stilllegen.

FERTIGSTELLUNG: Für die Umrandung in Zitrusgelb die stillgelegten Maschen rechts stricken, dann aus der Längskante 181 Maschen, aus der Anschlagkante 85 Maschen und aus der anderen Längskante 181 Maschen auffassen = 532 Maschen. Eckmaschen markieren. Kraus rechts in der Farbfolge stricken – die Auffassrunde ist bereits die 1. Kraus-rechts-Runde. In jeder folgenden rechten Runde an den Ecken vor und nach der Eckmasche je 1 Masche rechts verschränkt aus dem Querfaden zunehmen = 580 Maschen. Nach 2,5 cm = 14 Runden alle Maschen rechts abketten. Den Läufer spannen, anfeuchten und trocknen lassen.

Im Bild zu sehen ist die Rückseite des Läufers, die auch sehr ansehnlich ist.

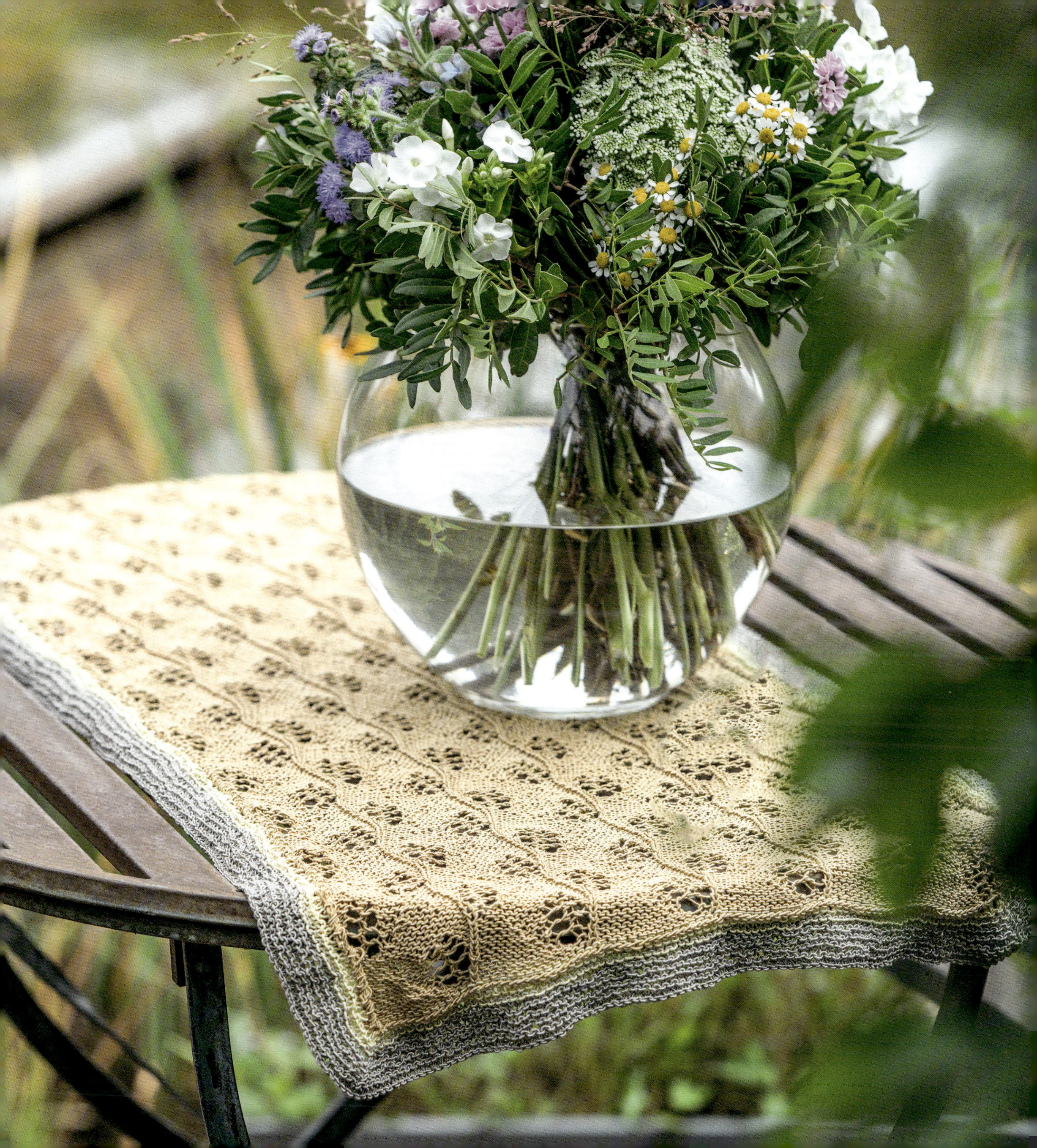

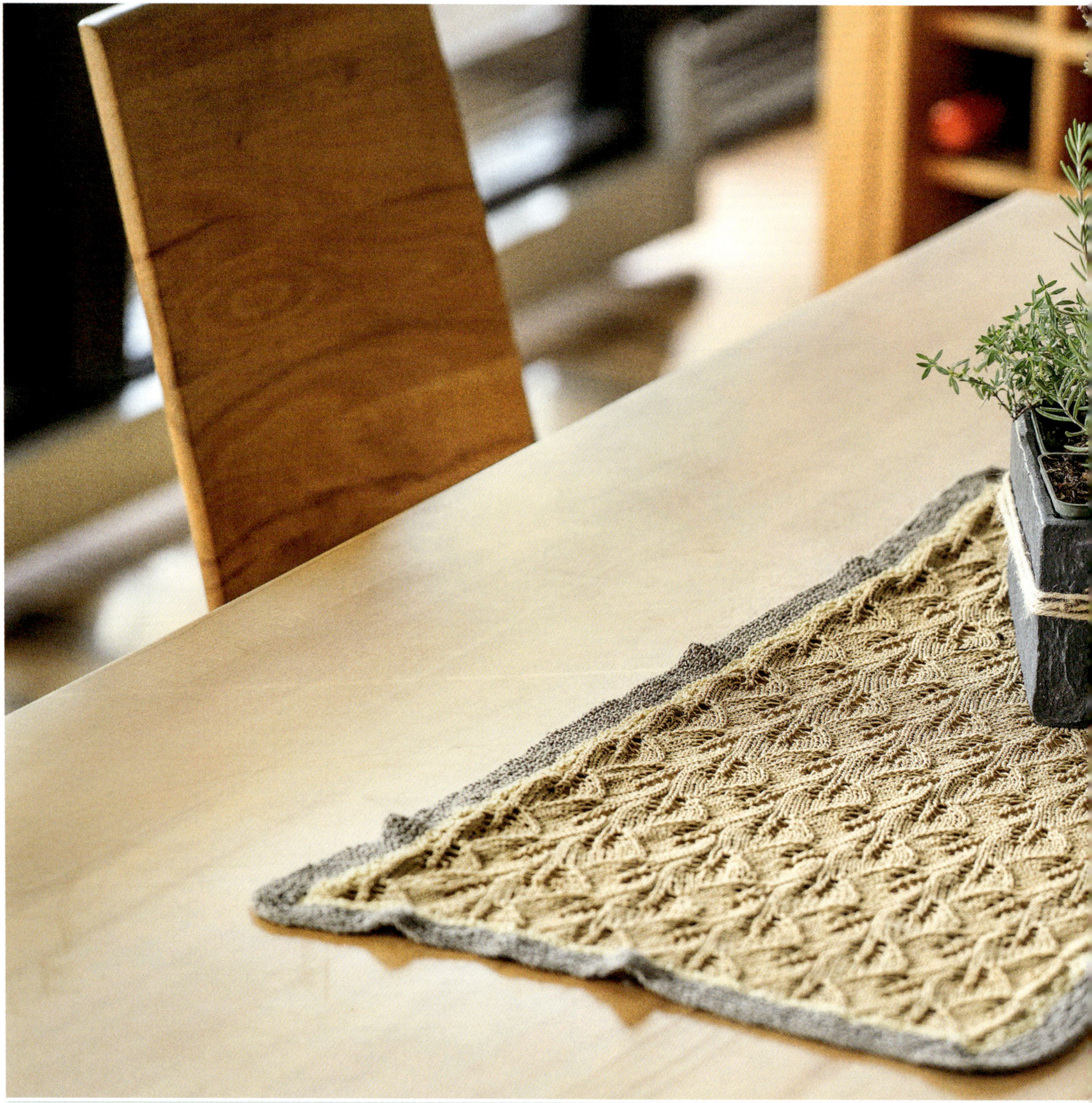

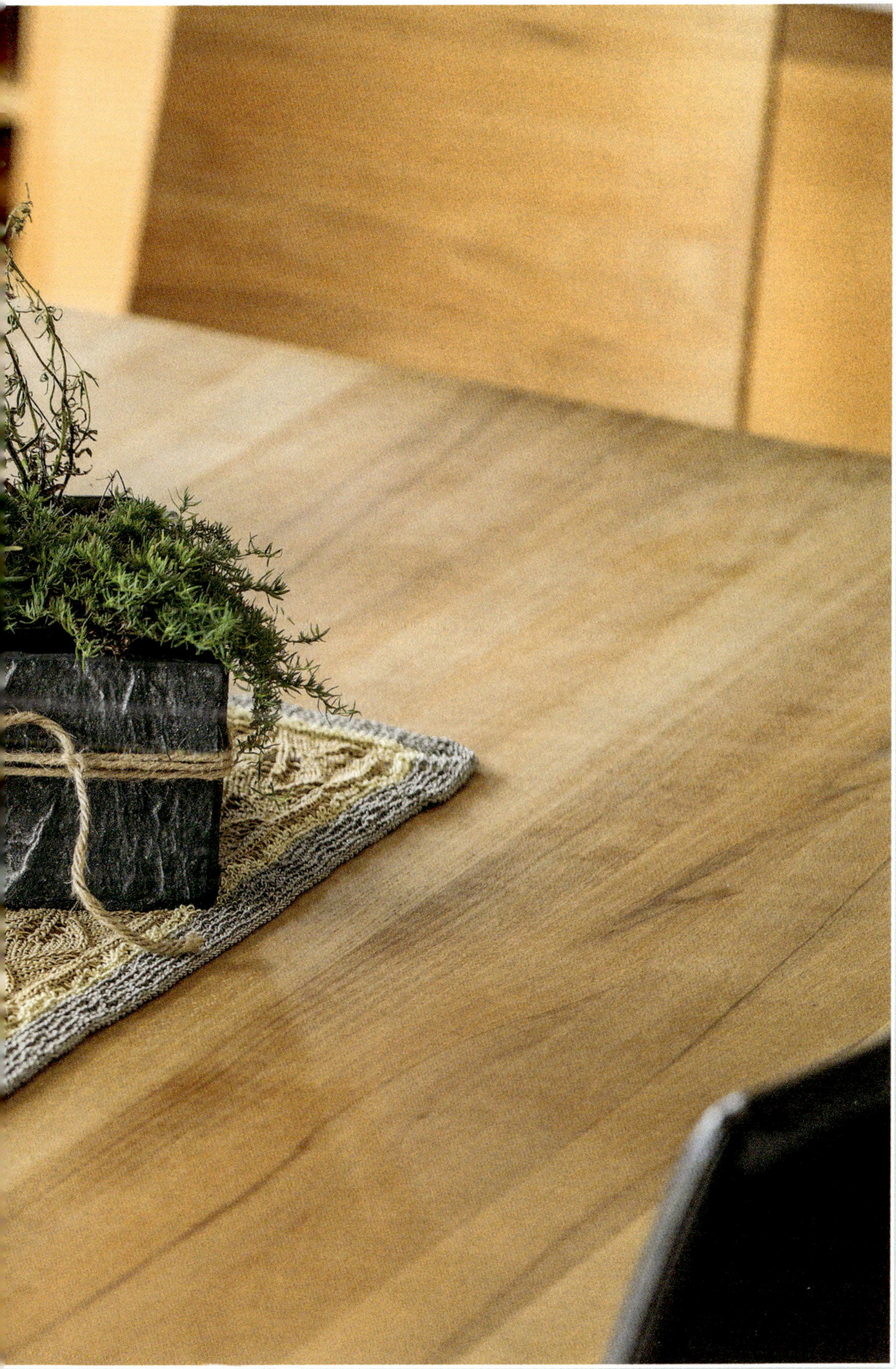

Strickschrift Ajourmuster

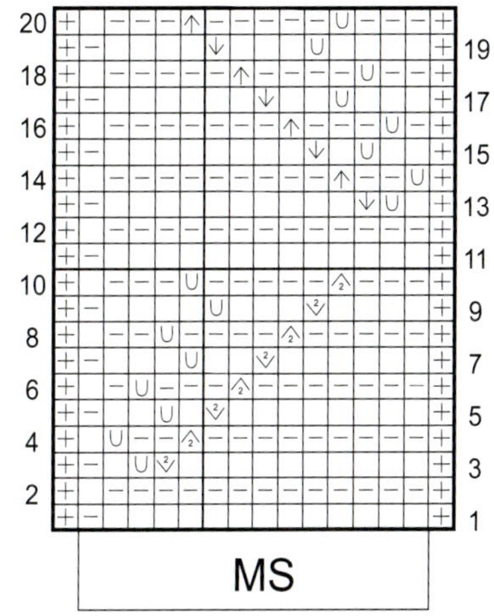

Zeichenerklärung

= 1 Randmasche

= 1 Masche rechts

= 1 Masche links

= 1 Umschlag

= 2 Maschen rechts zusammenstricken

= 2 Maschen links zusammenstricken

= 2 Maschen rechts überzogen zusammenstricken (= 1 Masche wie zum Rechtsstricken abheben, 1 Masche rechts stricken und die abgehobene Masche darüberziehen)

= 2 Maschen links überzogen zusammenstricken (= mit der rechten Nadel in die übernächste Masche von hinten einstechen, diese Masche und die Masche davor von der linken Nadel gleiten lassen, mit der linken Nadel die erste der beiden Maschen, dann die zweite Masche auffassen und mit der rechten Nadel beide Maschen links zusammenstricken)

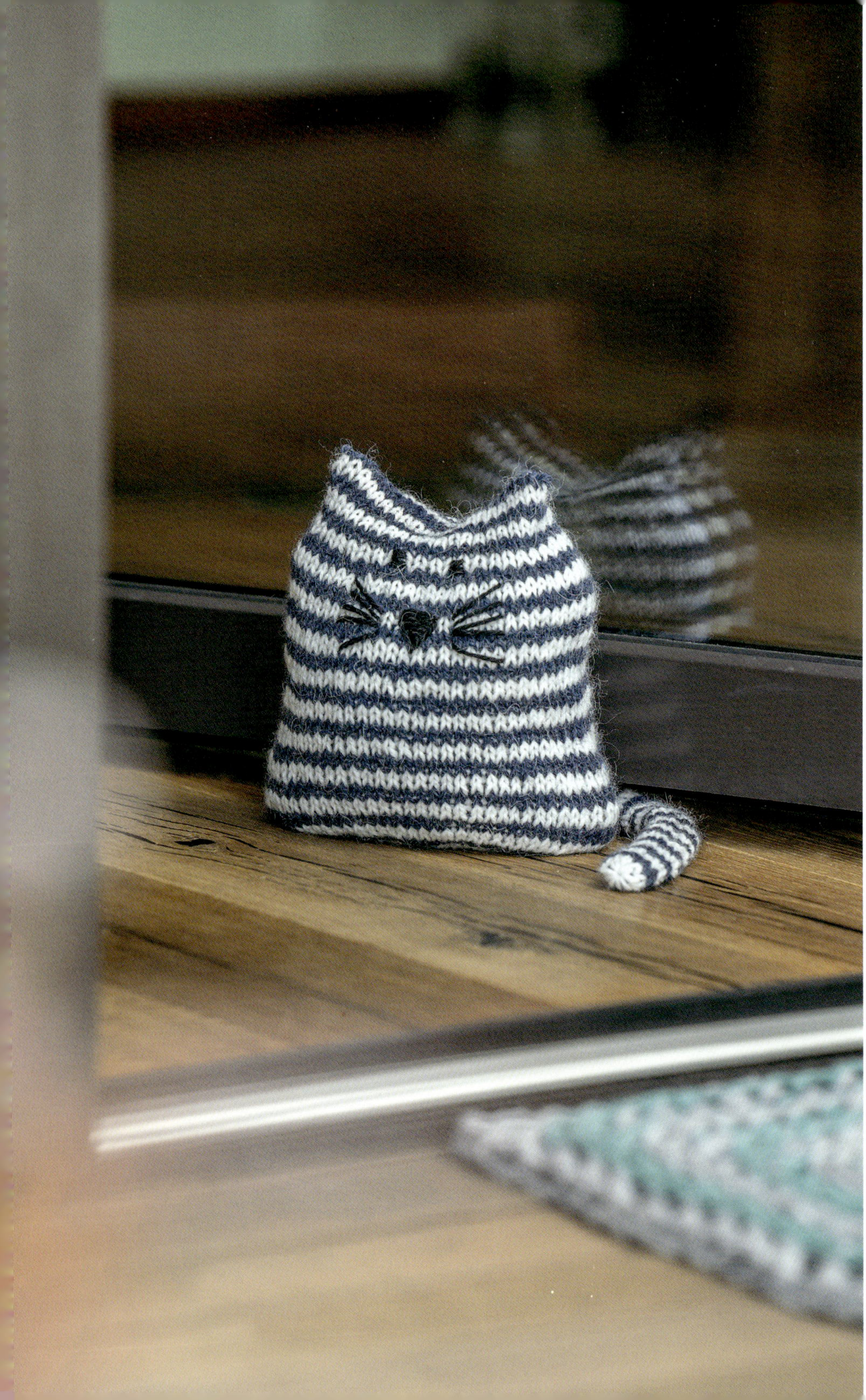

MATERIAL

- ONline „Linie 421 Cori" (60 % Polyacryl, 20 % Alpaka, 20 % Wolle, Lauflänge 125 m/50 g): je 50 g in Blau und Weiß, ein Rest schwarzes Wollgarn
- 21 x 42 cm dicht gewebter Stoff
- Nadelspiel Nr. 5,5
- 1, 25 kg Reis

MUSTER

Glatt rechts: Hinreihen rechts, Rückreihen links stricken; in Runden stets rechts stricken.

Streifenfolge: 1 Runde Blau, * 2 Runden Weiß, 2 Runden Blau, ab * stets wiederholen.

MASCHENPROBE

Glatt rechts: 14 Maschen und 23 Reihen/ Runden = 10 x 10 cm

SAMTPFOTEN-TÜRSTOPPER

Gestrickt | Größe: Umfang 45 cm, Höhe: 24,5 cm | Schwierigkeitsgrad ● bis ●●

Da schlägt keine Tür mehr zu. Was sicher auch die Stubentiger erfreut, denn geschlossene Türen mögen sie überhaupt nicht.

SO WIRD'S GEMACHT

KÖRPER

18 Maschen in Blau anschlagen und zur Runde schließen. Glatt rechts in der Streifenfolge stricken.
Zur Formgebung in der 2. Runde (= 1. weiße Runde) gleichmäßig verteilt 9 Maschen zunehmen, dafür nach jeder 2. Masche 1 Masche rechts verschränkt aus dem Querfaden herausstricken = 27 Maschen.

4x in jeder 2. Runde an den gleichen Zunahmestellen je 9 Maschen ebenso zunehmen = 63 Maschen.
Zur Formgebung nach 19 cm = 44 Runden jede 2. und 3. Masche rechts zusammenstricken = 42 Maschen.

Nach 24,5 cm = 56 Runden = nach 1 Runde in Blau alle Maschen stilllegen. Den Faden lang abschneiden, er wird noch zum Zusammennähen gebraucht.

SCHWANZ

12 Maschen in Blau anschlagen und in Reihen glatt rechts in der Streifenfolge stricken. Nach 27,5 cm = 63 Reihen den Faden lang abschneiden (wird noch zum Zusammennähen gebraucht), 2x durch die Maschen fädeln und die Maschen fest zusammenziehen. Die Längskanten im Matratzenstich schließen; der Anschlagrand bleibt offen.

INLETT

Den Stoff quer rechts auf rechts legen und mit 1 cm Nahtbreite rundum zusammennähen, dabei eine ca. 7 cm große Öffnung lassen. Den Reis einfüllen. Die Öffnung von Hand schließen.

FERTIGSTELLUNG: Das Inlett in den Körper schieben. Die stillgelegten Maschen auf 2 Nadeln verteilen. Dann die Maschen im Maschenstich verbinden, jedoch zunächst nur einige Stiche machen, um so Vorder- und Rückseite zu erkennen. Auf die Vorderseite das Katzengesicht mit schwarzem Garn aufsticken: Schnauze und Augen mit Plattstichen, Schnurrhaare mit langen Spannstichen. Die restlichen Maschen im Maschenstich verbinden. Das Loch am Maschenanschlag bleibt offen. Den Schwanz am Maschenanschlag annähen.

Wenn die Katze auf dem Boden sitzt, mit der Handkante in der oberen Mitte einen Knick eindrücken, damit die Ohren abstehen.

Wer eine Katze hat,
braucht das Alleinsein
nicht zu fürchten.

Daniel Defoe

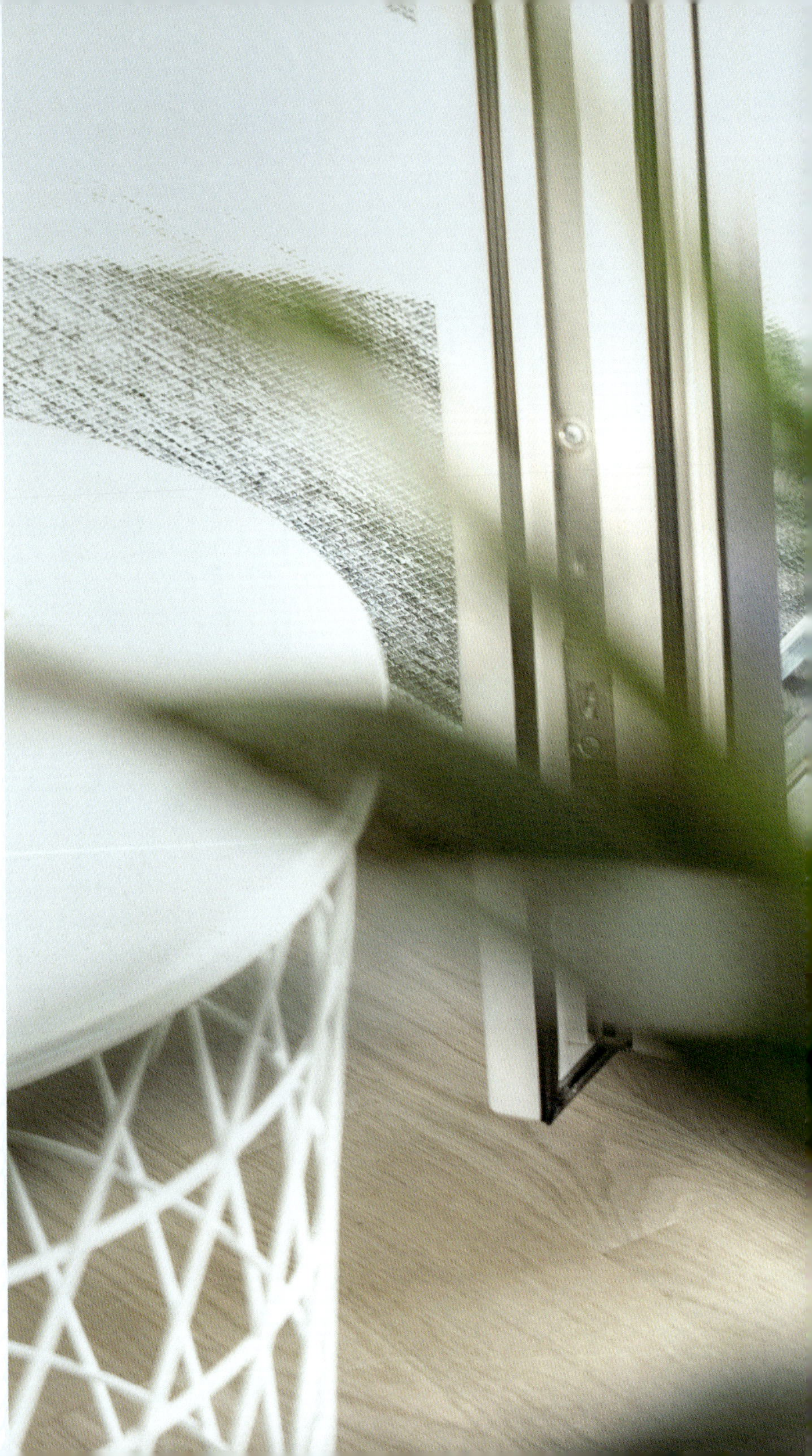

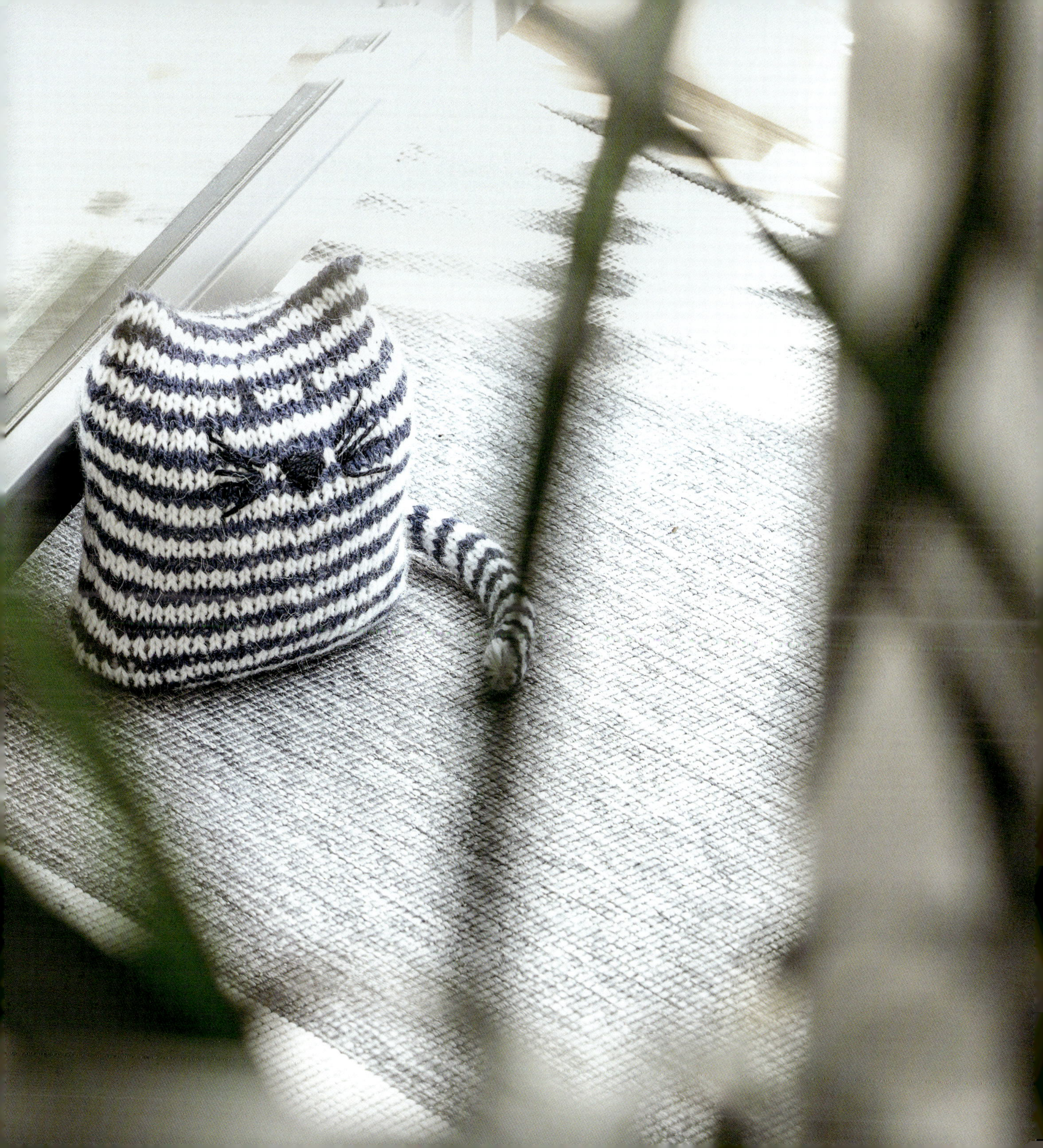

GRUNDKURS HÄKELN & STRICKEN

GRUNDKURS HÄKELN

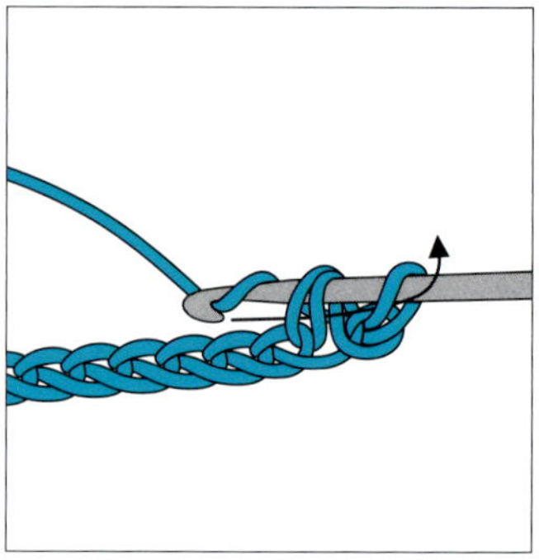

Kettmasche

In die vorgesehene Masche einstechen, den Faden um die Nadel legen und diesen Umschlag durch alle Schlingen auf der Nadel ziehen.

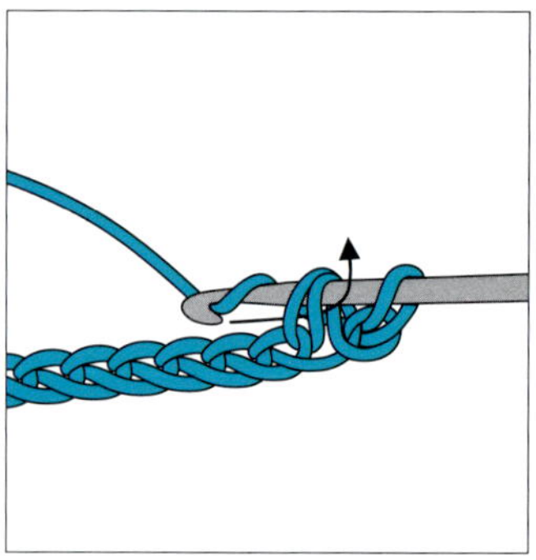

Feste Masche

In die vorgesehene Masche einstechen und den Faden von hinten nach vorn um die Nadel legen …

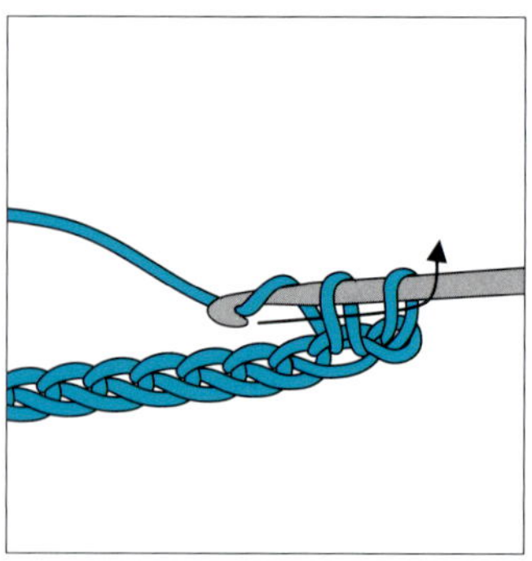

… und durchziehen. Den Faden erneut um die Nadel legen und durch beide Schlingen ziehen.

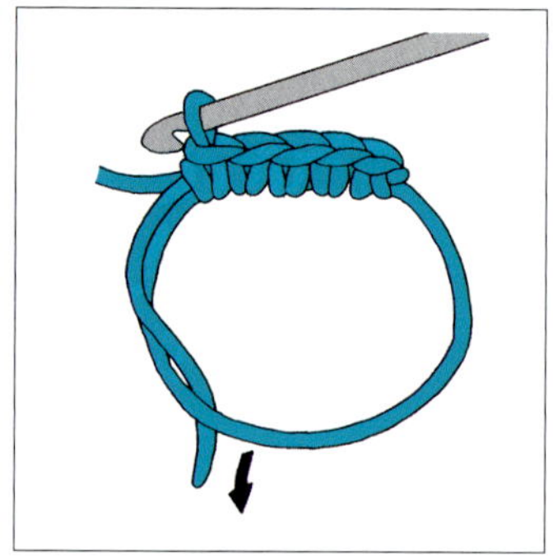

Fadenring

Den Faden 2x um 2 Finger der linken Hand wickeln. Mit der Häkelnadel einstechen, Faden holen und durchziehen. 1 Luftmasche, dann die gewünschte Maschenzahl um den Ring häkeln.

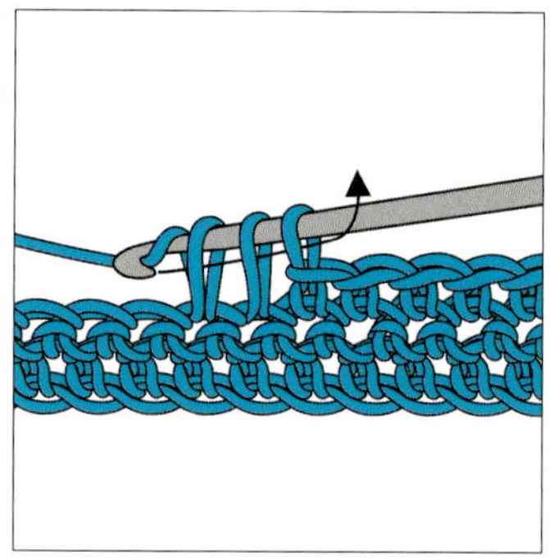

2 feste Maschen zusammen abmaschen

Die 1. feste Masche wie gewohnt beginnen: In die Masche einstechen, Faden durchholen. Es liegen 2 Schlingen auf der Nadel. Diese jedoch nicht wie gewohnt abmaschen, sondern in die nächste Einstichstelle einstechen.

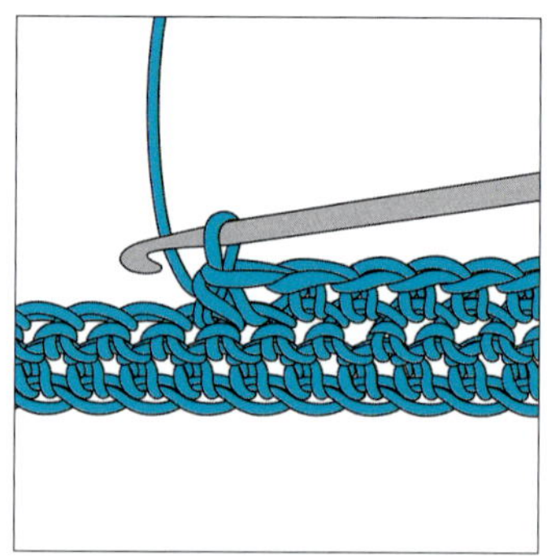

Faden durchholen. Es liegen nun 3 Schlingen auf der Nadel. Faden durch alle 3 Schlingen ziehen, d. h. beide feste Maschen zusammen abmaschen.

Nach diesem Prinzip auch halbe Stäbchen, Stäbchen und Doppelstäbchen zusammen abmaschen: jede Masche bis auf die letzte Schlinge abmaschen, dann den Faden durch alle restlichen Schlingen ziehen.

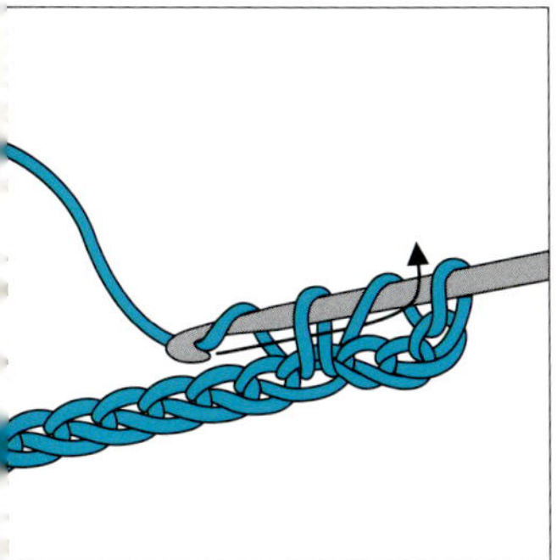

Stäbchen

1 Umschlag bilden und in die vorgesehene Masche einstechen. 1 weiteren Umschlag bilden und durch die Masche ziehen. 1 neuen Umschlag …

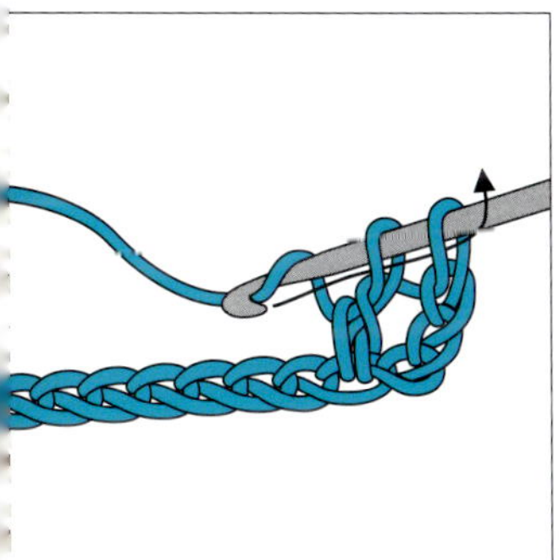

… durch 2 der 3 auf der Nadel liegenden Schlingen ziehen. 1 neuen Umschlag bilden und durch die restlichen 2 auf der Nadel liegenden Schlingen ziehen.

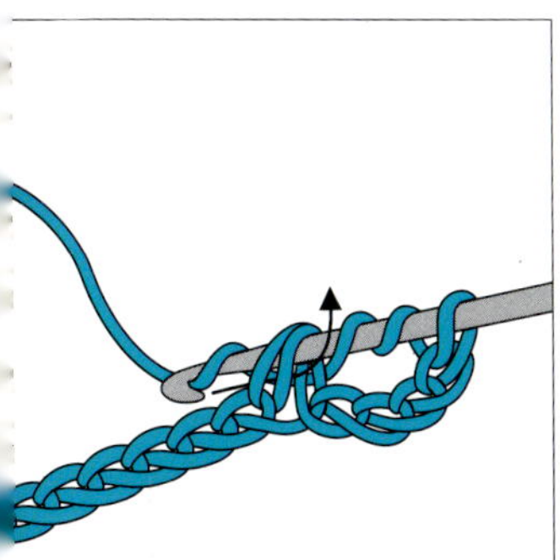

Doppelstäbchen

2 Umschläge bilden, in die vorgesehene Masche einstechen, Faden holen und mit jeweils 1 Umschlag 3-mal 2 Schlingen abmaschen.

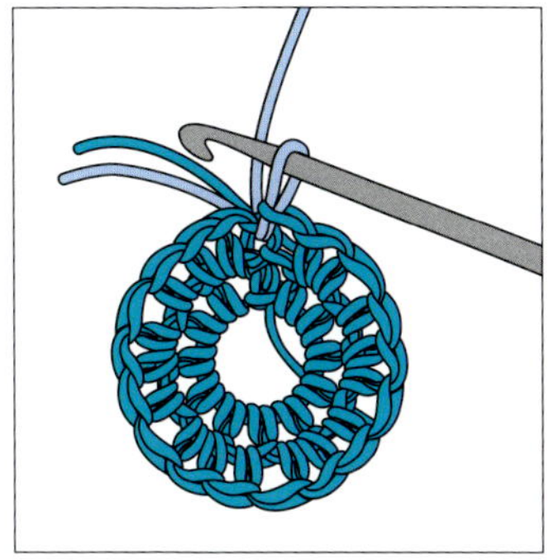

Farbwechsel

Um einen exakten Farbübergang zu erreichen, bereits die letzte Masche der Vorrunde in der neuen Farbe abmaschen. Bei einem Farbwechsel innerhalb der Reihe oder Runde die letzte Masche der vorhergehenden Farbe mit der neuen Farbe abmaschen.

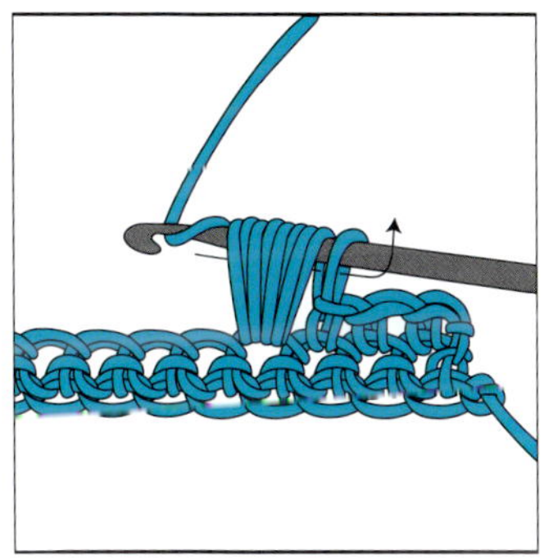

Büschelmaschen

Einen Umschlag um die Nadel legen, einstechen, den Faden holen und durchziehen. Diese Schlinge langziehen. Einen weiteren Umschlag um die Nadel legen, einstechen, eine weitere Schlinge durchholen und langziehen. Dies noch 2x wiederholen.

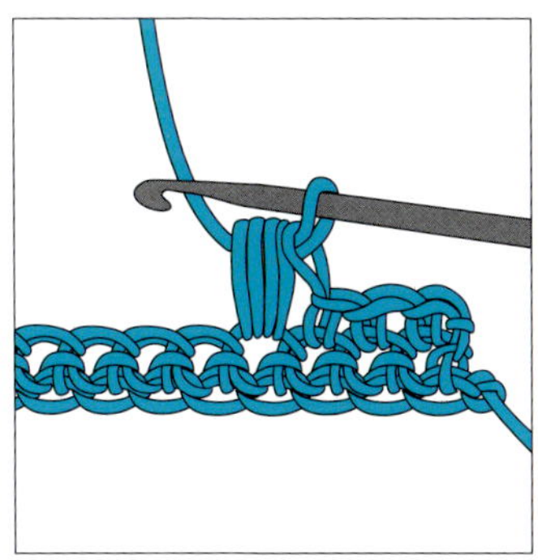

Dann den Faden nochmals holen, durch alle Schlingen ziehen und die Büschelmasche mit einer Luftmasche fixieren.

GRUNDKURS STRICKEN

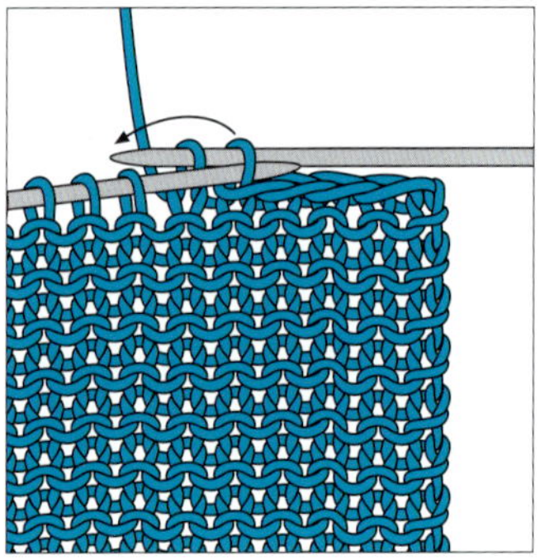

Abketten

Die ersten 2 Maschen stricken. Mit der linken Nadel in die 1. Masche einstechen, diese über die 2. Masche heben und die 2. Masche durch die 1. ziehen. Die nächste Masche stricken und die vorhergehende darüberziehen. Am Ende den Faden abschneiden und durch die letzte Masche ziehen.

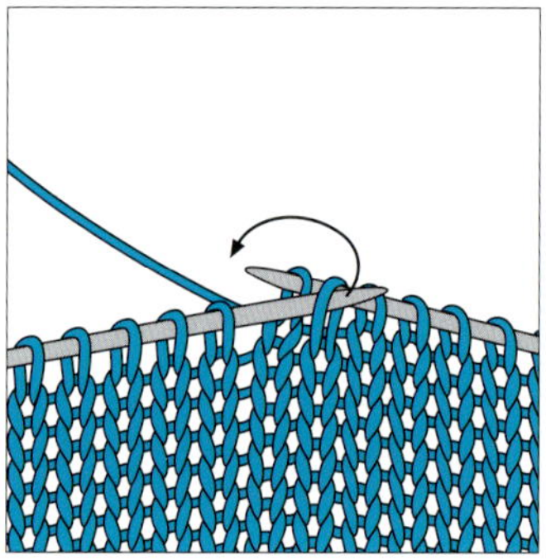

2 Maschen rechts überzogen zusammenstricken

1 Masche wie zum Rechtsstricken abheben, die folgende Masche rechts stricken, dann die abgehobene Masche darüberziehen.

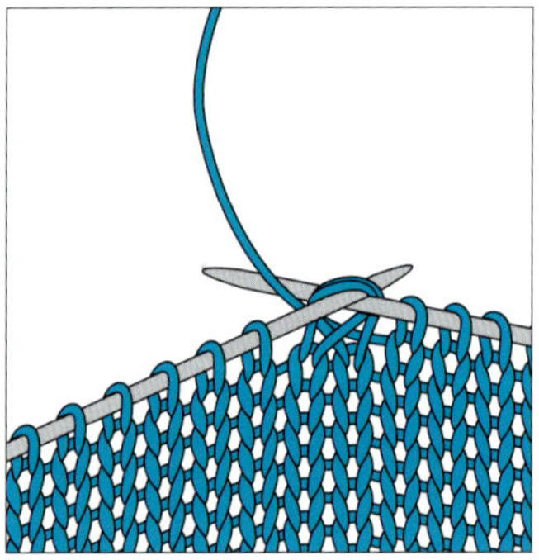

2 Maschen rechts zusammenstricken

Der Faden liegt hinter der Arbeit. Mit der rechten Nadel von links nach rechts durch beide Maschen stechen, den Faden durchholen. Die Maschen von der linken Nadel gleiten lassen.

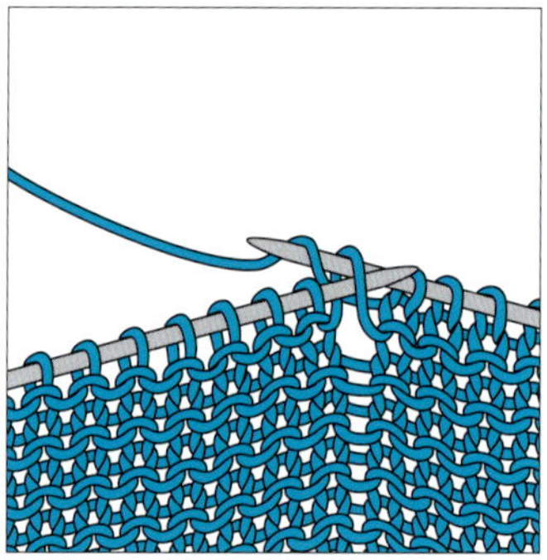

1 Masche rechts verschränkt aus Querfaden stricken

Der Arbeitsfaden liegt hinten. Mit der linken Nadel von vorn nach hinten unter dem Querfaden zwischen 2 Maschen einstechen. Mit rechter Nadel hinter der Arbeit von rechts nach links in die Querfaden-Schlinge einstechen, sodass sie sich verdreht, Arbeitsfaden um die Nadel legen.

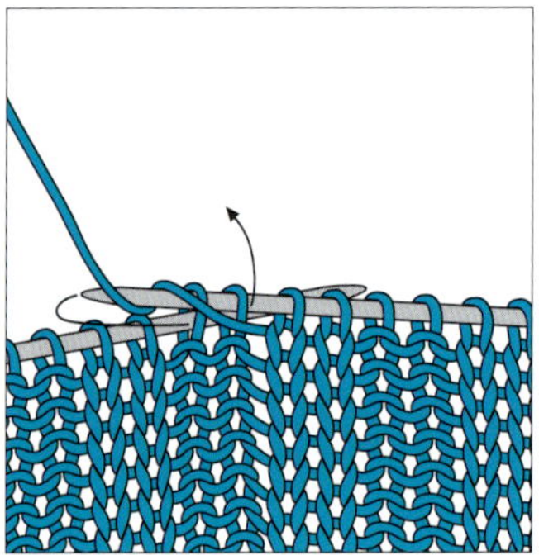

2 Maschen links zusammenstricken

Der Faden liegt vor der linken Nadel. Von rechts nach links wie zum Linksstricken durch beide Maschen stechen, den Faden durchholen. Die Maschen von der linken Nadel gleiten lassen.

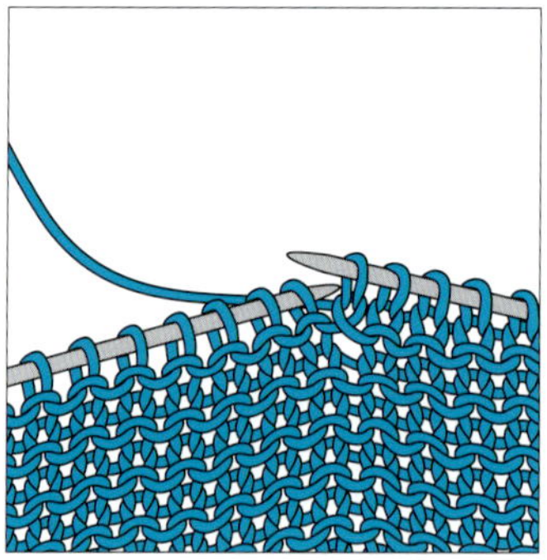

Den Arbeitsfaden nach vorn durchholen und anschließend den Querfaden von der linken Nadel gleiten lassen. So entsteht eine zusätzliche rechte Masche.

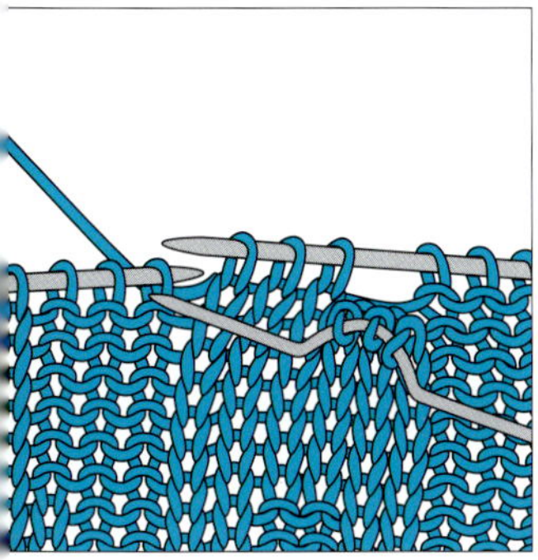

Verzopfung nach links:

3 Maschen auf eine Zopfnadel nehmen und vor die Arbeit legen, die folgenden Maschen der linken Nadel rechts stricken.

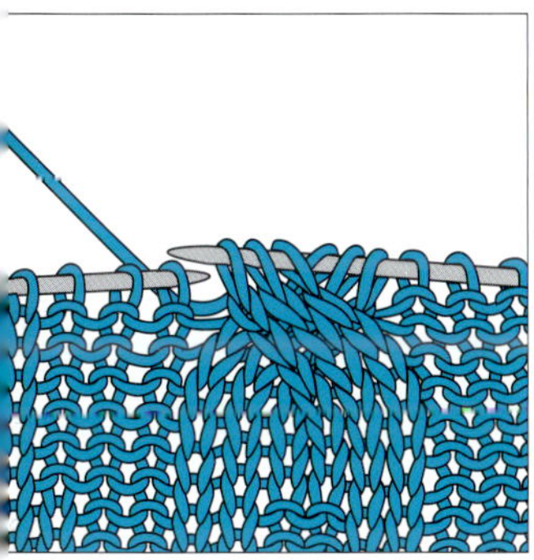

Dann die 3 Maschen der Zopfnadel rechts stricken.

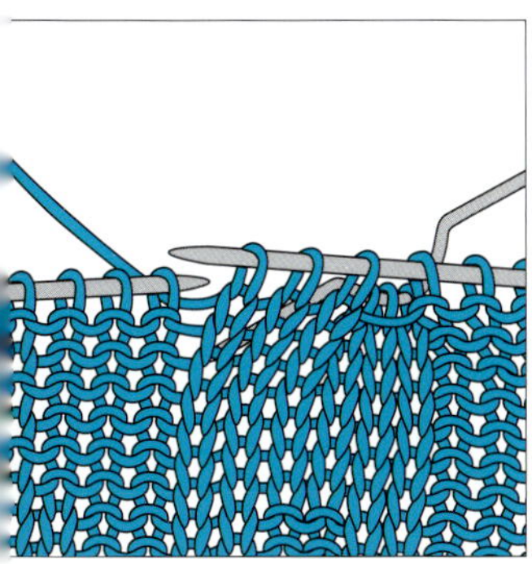

Verzopfung nach rechts:

3 Maschen auf eine Hilfsnadel heben und hinter die Arbeit legen, die folgenden 3 Maschen der linken Nadel rechts stricken.

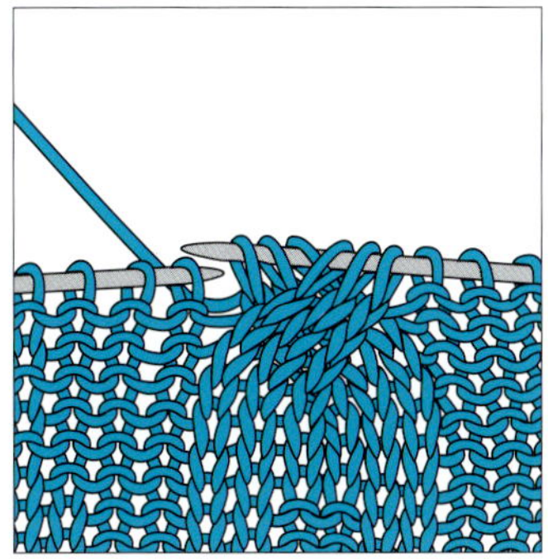

Dann die 3 Maschen der Hilfsnadel rechts stricken.

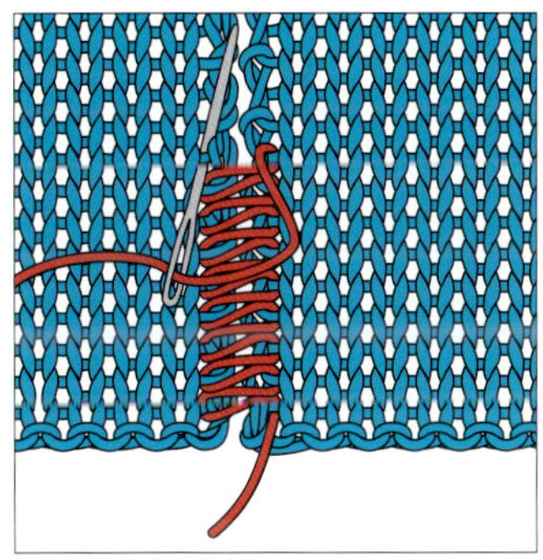

Matratzenstich

Auf der Vorderseite arbeiten und mit der Nadel 1x auf der einen Seite und 1x auf der anderen Seite je den Querfaden zwischen Randmaschen und 1. Masche erfassen, Faden durchziehen. Diesen Vorgang abwechselnd auf beiden Seiten wiederholen.

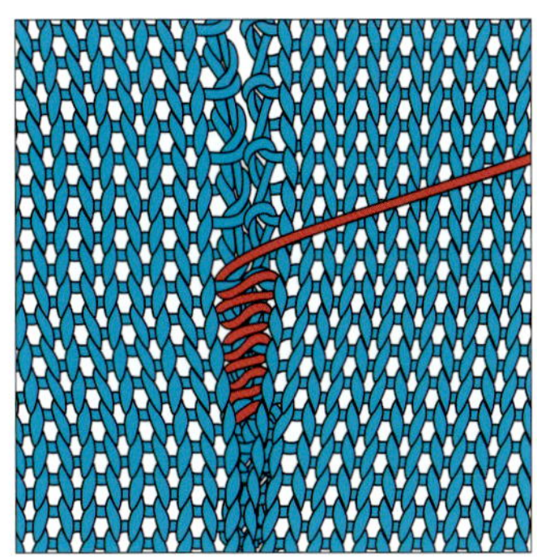

Nach ca. 2 cm den Arbeitsfaden anziehen, damit sich die Strickteile übergangslos aneinanderfügen.

IMPRESSUM

Autorinnen: Maria Böhly, Babette Ulmer
Fotografie: Anne Schulz Gestaltung
Grafische Elemente im Layout:
© Aurelija Diliute/Shutterstock.com
© maljuk/Shutterstock.com
Technische Zeichnungen: Babette Ulmer
Realisation: Maria Böhly, Eva Huber, Babette Ulmer, Eva Winckler
Redaktion und Produktmanagement: Theresa Peter
Lektorat: Annerose Sieck
Layout: Silke Schüler
Umschlaggestaltung: Leeloo Molnár
Repro: LUDWIG:media, Zell am See
Herstellung: Bettina Schippel, Stephanie Schlemmer
Printed in Slovenia by Florjancic

★★★★★

Sind Sie mit diesem Titel zufrieden? Dann würden wir uns über Ihre Weiterempfehlung freuen. Erzählen Sie es im Freundeskreis, berichten Sie Ihrem Buchhändler oder bewerten Sie bei Onlinekauf. Und wenn Sie Kritik, Korrekturen, Aktualisierungen haben, freuen wir uns über Ihre Nachricht an: Christophorus Verlag, Postfach 40 02 09, D-80702 München oder per E-Mail an lektorat@verlagshaus.de

Unser komplettes Programm finden Sie unter

www.christophorus-verlag.de

HERSTELLERVERZEICHNIS:

addi Stricknadeln – Gustav Selter GmbH & Co. KG, www.addi.de
Bändersalat, www.rocknwoll-shop.com
Buttinette Textil-Versandhaus GmbH, www.buttinette.de
Hooked, www.hoookedyarn.com
Junghans Wollversand GmbH & Co. KG, www.junghanswolle.de
Lana Grossa Mode mit Wolle Handels- und Vertriebs GmbH, www.lana-grossa.de
Lang & Co. AG, www.langyarns.com
Online Klaus Koch GmbH, www.online-garne.de

Die Deutsche Nationalbibliothek verzeichnet diese Publikation in der Deutschen Nationalbibliografie; detaillierte bibliografische Daten sind im Internet über http://dnb.d-nb.de abrufbar.

ISBN 978-3-8410-6578-0

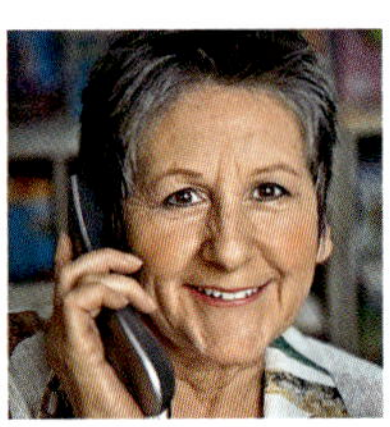

Kreativ-Service

Sie haben Fragen zu den Büchern und Materialien? Frau Erika Noll ist für Sie da und berät Sie rund um alle Kreativthemen. Rufen Sie an! Wir interessieren uns auch für Ihre eigenen Ideen und Anregungen. Sie erreichen Frau Noll per E-Mail: **mail@kreativ-service.info** oder Tel.: **+49 (0) 5052 / 91 18 58**

Besuchen Sie uns im Internet: www.christophorus-verlag.de

Ebenfalls erhältlich ...

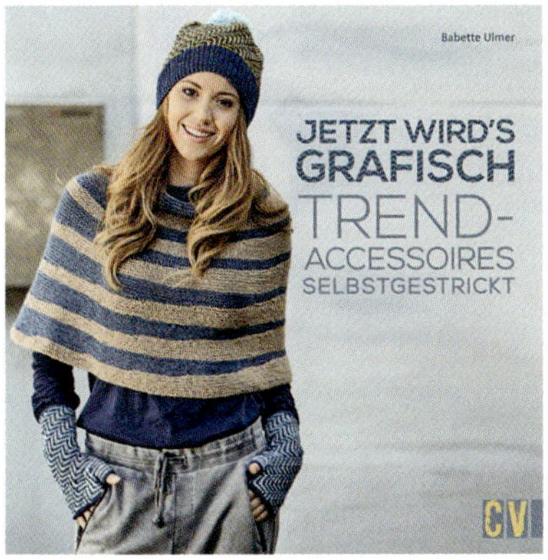

ISBN: 978-3-8410-6456-1

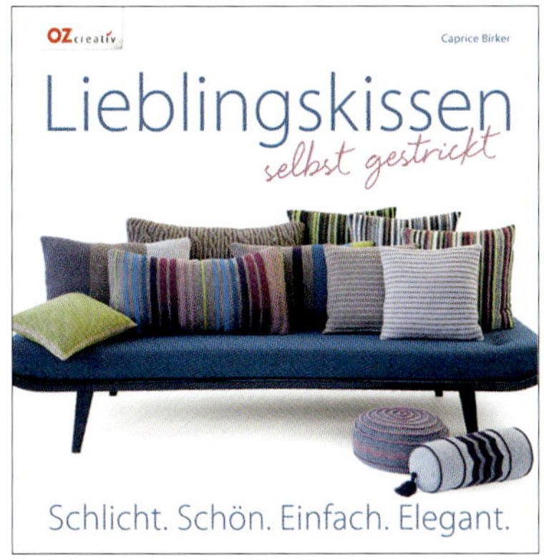

ISBN: 978-3-8410-6289-5

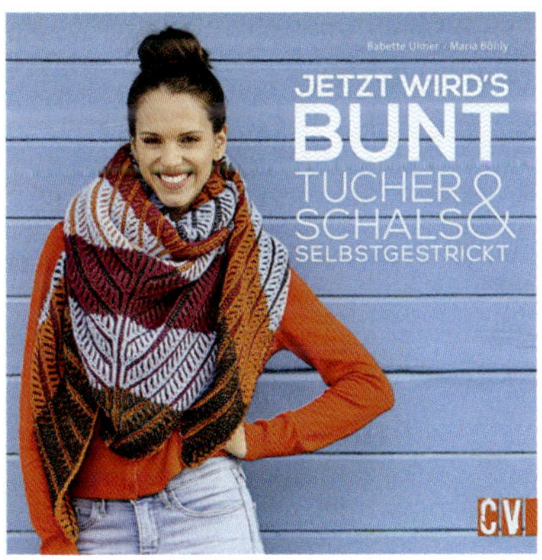

ISBN: 978-3-8410-6490-5

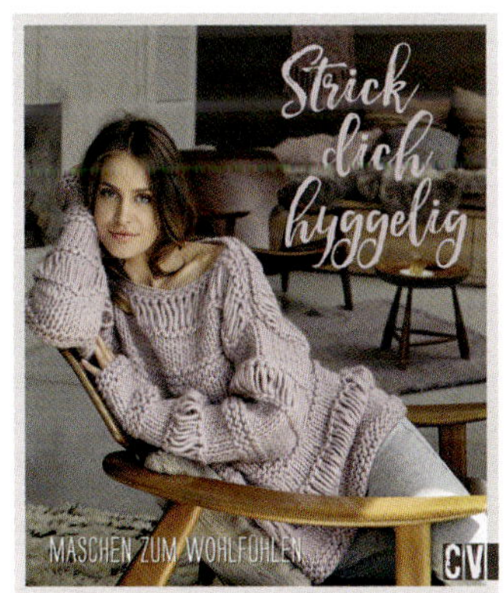

ISBN: 978-3-8410-6493-6

www.christophorus-verlag.de